時事韓国語

日本語版

圖書出版 月印
Worin Publishing Co.

머리말

<시사 한국어>는 고급 수준의 '한국어 능력 시험(TOPIK)'을 대비하는 외국인 학습자들에게 한국의 시사(時事)와 관련한 내용에 대한 읽기 능력을 길러 주기 위한 한국어 학습용 교재이다. 따라서 이 책은 3급 수준의 한국어 능력 시험을 통과한 중급 학습자를 대상으로 한국어 교육 기관에서 직접 수업으로 활용할 수 있게 내용을 구성하였다.

현재 국내외에서 개발된 한국어 교재는 '듣기・말하기・읽기・쓰기'의 영역이 통합된 교재이거나 회화용 교재가 대부분이다. 이러한 실정에서 '정치, 경제, 사회, 문화, 정보 통신, 매스미디어, 스포츠, 종교' 등 현재 한국에서 일어나고 있는 일을 학습 내용으로 담은 교재는 전무하다. 외국어 학습 교재로서 '시사 영어'와 '시사 일본어', '시사 중국어' 교재가 이미 오래 전에 개발되어 있는 점을 고려하면, '시사 한국어'의 교재가 아직 개발되지 않았다는 것은 대단히 놀라운 일이다.

이처럼 '시사 한국어'의 교재가 개발되지 않은 것은 이러한 교재가 필요하지 않기 때문은 아니다. '시사 한국어'의 교재가 반드시 필요하기는 하지만, 실제로 시사 내용이 바뀔 때마다 책의 내용을 개정해야 한다는 부담 때문에 '시사 한국어'의 교재를 개발하기가 어려웠다고 보아야 할 것이다.

지은이들이 개발한 '시사 한국어' 교재는 주제별로 전체 15과의 소단원으로 짜여 있다. 곧, ① 인간과 환경, ② 수도와 도시, ③ 인물, ④ 대중문화, ⑤ 음식 문화, ⑥ 스포츠, ⑦ 과학 기술, ⑧ 국제 관계, ⑨ 질병과 건강, ⑩ 직업, ⑪ 사회, ⑫ 사건과 사고, ⑬ 언론과 매체, ⑭ 정치, ⑮ 종교와 믿음의 15개 단원을 주제별로 구성했다. 이처럼 이 책의 체제를 15개 소단원으로 구성한 것은 대부분의 대학교에서 15주나 16주를 단위로 수업을 진행하고 있다는 점을 고려한 것이다.

그리고 각각의 소단원에 실린 교육 내용은 다음과 같은 체제로 구성하였다.

첫째, '단원 도입 활동' 부분에서는 ① 소단원의 제목 ② 학습 목표 ③ 동기 유발을 위한 그림이 제시되었다.

둘째, 학습용 텍스트를 제시하되 동일 주제를 둘로 구분하여 '본문 1'과 '본문 2'의 텍스트를 제시하고, 이에 따르는 '생각해 보기'를 설정하였다. 여기서 '본문 1'은 기본 학습용 텍스트이고 '본문 2'는 심화 학습용 텍스트의 성격을 띤다.

셋째, '단원 이해 활동' 부분에서는 본문 텍스트의 내용과 관련된 학습 문제를 제시하여, 교수-학습의 과정에서 학습자가 직접 해결할 수 있도록 하였다. 학습 문제는 ① 어휘력의 측정 문제, ② 텍스트에 대한 이해력의 측정 문제, ③ 쓰기 능력의 측정 문제, ④ 말하기 능력의 측정 문제 등의 네 가지 유형으로 제시하였다. 학습자는 수업 중에 교사의 도움을 받아서 이러한 학습 문제를 해결함으로써, 시사적인 내용이 실린 텍스트를 이해하고 위의 4가지 유형의 학습 문제를 해결하는 능력을 기를 수 있다.

넷째, '단원 마무리 활동' 부분에서는 본문의 주제와 직접적으로 관련이 있는 한국어의 속담을 제시하였다. 이를 통해서 먼저 학생들은 본문 텍스트의 내용을 이해하고 이를 내면화할 수 있다. 나아가서 한국어 속담의 뜻을 이해하고 실제 언어 생활에서 활용할 수 있는 능력을 기를 수 있도록 하였다.

다섯째, 책의 끝에 '부록'의 형식으로 단원 종합 문제를 제시하여서, 학습자들이 고급 수준의 '한국어 능력 시험(TOPIK)'을 준비하는 데에 도움이 되게 하였다. 그리고 어휘와 쓰기 활동을 위한 학습장을 제시하여서, 본시 수업 활동 후에 학습자들이 과제를 수행할 수 있게 하였다.

이 책은 지은이들이 지난 1년 6개월 동안 함께 힘을 모아서 개발하였다. 단원의 주제를 선정하고, 본문 텍스트와 학습 문제를 개발하고, 본문 내용과 관련한 속담을 덧붙였다. 이 모든 과정에서 여섯 명의 저자들이 각각의 개인적인 생각을 한데에 아울러서 통일성 있는 알찬 내용으로 묶어 내려고 노력하였다. 교재를 개발하면서 머릿속에 늘 잊지 않은 생각은, 지은이 중심의 교재를 만드는 것이 아니라 한국어 학습자에게 필요한 교재를 만들어 보자는 것이었다. 지은이들의 이러한 바람이 이루어져서 한국어 학습자들에게 조금이라도 도움이 되었으면 한다.

끝으로 이 책을 출판해 주신 도서출판 월인의 박성복 사장님과 최형필 상무님께 머리말을 빌어서 고마운 마음을 전한다.

2014년 2월 1일

지은이들 씀

まえがき

『時事韓国語』は，上級(高級)レベルの「韓国語能力試験(TOPIK)」に備える外国人学習者が韓国の時事に関する読解能力を培うための韓国語学習用教材である。したがって，この本は，韓国語能力試験3級に合格した中級学習者を対象に，韓国語教育機関の授業で活用できるように，内容を構成した。

現在，国内外で開発されている大部分の韓国語教材は，「聴解・発話・読解・作文」の領域が統合された教材や会話用の教材である。政治・経済・社会・文化・情報通信・マスメディア・スポーツ・宗教など， 現在韓国で起きていることを学習内容として盛り込んだ教材は皆無といってよい実情である。外国語学習教材として「時事英語」「時事日本語」「時事中国語」などの教材がすでにかなり前に開発されている点を考慮すれば，「時事韓国語」の教材がまだ開発されていないというのは非常に驚くべきことである。

このように「時事韓国語」の教材が開発されなかったのは， このような教材が必要でなかったからではない。「時事韓国語」の教材が必要ではあるが，時事内容が変わるたびに本の内容を改訂しなければならないという負担のために，開発するのが難しかったと考えるべきであろう。

著者たちが開発した「時事韓国語」教材は， テーマ別に全15課の小単元から成っている。すなわち，① 人間と環境，② 首都と都市，③ 人物，④ 大衆文化，⑤ 食文化，⑥ スポーツ，⑦ 科学技術，⑧ 国際関係，⑨ 病気と健康，⑩ 職業，⑪ 社会，⑫ 事件と事故，⑬ 言論とメディア，⑭ 政治，⑮ 宗教と信仰という15のテーマ別に，単元を構成した。このようにこの本を15の小単元で構成したのは，ほとんどの大学で15週ないし16週を単位として授業を進行している点を考慮したものである。

それぞれの小単元の教育内容は，次のような構成になっている。

第一に，「単元導入活動」部分では，① 小単元のタイトル，② 学習目標，③ 動機誘発のためのイラストを提示した。

第二に，学習用テキストを提示するが， 一つのテーマを二つに分けて「本文1」と「本文2」を提示し，これに沿った「생각해 보자(考えてみよう)」を設定した。「本文1」は基本学習用のテキスト，「本文2」は深化学習用のテキストという性格を帯びている。

第三に,「単元理解活動」部分では, 本文テキストの内容に関連する学習問題を提示し, 教授-学習の過程で学習者が自分で解決できるようにした。学習問題は, ① 語彙力測定の問題, ② テキストに関する理解力測定の問題, ③ 作文能力測定の問題, ④ 発話能力測定の問題など, 四つのタイプで提示した。学習者は, 授業中に教師の助けを借りてこのような学習問題を解くことによって, 時事的な内容を含むテキストを理解し, 上の四つのタイプの学習問題を解く能力を伸ばすことができる。

第四に,「単元まとめ活動」部分では, 本文のテーマに関連する韓国語のことわざを提示した。これを通じて, 学生たちはまず本文テキストの内容を理解し, これを内面化できる。さらに, 韓国語のことわざの意味を理解し, 実際の言語生活で活用できる能力を伸ばせるようにした。

第五に, 巻末に「付録」の形で単元総合問題を提示し, 学習者が上級レベルの「韓国語能力試験(TOPIK)」に備えるのに役立つようにした。そして, 語彙と作文活動のための学習帳を提示し, 本来の授業活動の後, 学習者が課題を遂行できるようにした。

この本は, 著者たちが1年6か月間, 総力を結集して開発した。単元のテーマを選び, 本文テキストと学習問題を開発し, 本文内容に関連することわざを添えた。このすべての過程で, 6人の著者がそれぞれの考えを一つに融和させ, 統一性があり, かつ充実した本を編纂しようと努力した。教材を開発する過程で常に頭の中から離れなかった思いは, 著者中心の教材を作るのでなく, 韓国語学習者にとって必要な教材を作ろうということだった。著者たちのこのような願いが通じ, 少しでも韓国語学習者の役に立てれば幸いである。

最後に, この本を出版してくださった図書出版月印の朴成福社長と崔衡弼常務に, この場を借りて感謝の意を表する。

2014年 2月 1日

著者一同

차 례

目 次

第1課 苦しんでいる地球のために何ができるでしょうか。

[学習目標]

1. いま，私たちの環境がどうであるか理解する。
2. 環境を保護するためにどのようなことができるか調べてみる。

{ 생각해 봅시다 }

- 한국에서 4월 5일은 나무를 심는 날입니다. 왜 식목일을 정했을까요? 여러분 나라에도 이런 날이 있습니까?

{ 본문 1 } 환경 보호의 필요성

지구는 지금 심한 몸살을 앓고 있습니다. 그 이유는 지구가 점점 뜨거워지고 있기 때문인데, 이것을 지구 온난화라고 합니다. 그런데 지구가 왜 뜨거워지고 있을까요?

먼저 온실가스 때문입니다. 온실가스는 우리가 좀 더 편리한 생활을 하기 위해서 사용하는 것에서 많이 나옵니다. 공장에서 나오는 매연, 자동차에서 사용하는 연료로부터 나오는 가스, 냉방과 난방을 할 때 나오는 가스 등이 우리가 쉽게 볼 수 있는 온실가스입니다.

다음으로는 나무가 많이 없어지기 때문입니다. 나무는 오염된 공기를 깨끗한 공기로 바꾸어 주는 역할을 합니다. 나무는 주로 집을 짓거나 가구를 만들거나 종이를 만드는 데에 사용됩니다. 그래서 나무가 많이 필요한데, 나무를 베기만 하고 다시 심지 않았습니다. 깨끗한 공기를 만들어 줄 수 있는 나무가 없어질수록 지구의 온도가 점점 올라가는 것입니다.

이렇게 지구가 뜨거워지면 남극과 북극에 있는 얼음이 녹는다고 합니다. 그러면 영화에서 보는 것처럼, 우리가 살고 있는 곳이 바다가 될 수도 있습니다. 그리고 얼음이 녹으면 바다의 온도가 달라지기 때문에, 날씨가 아주 추워지거나 더워져서 사람이 살 수 없게 된다고 합니다.

우리가 살고 있는 지구를 위해서 어떤 일을 할 수 있을까요?

{ 어휘 }

지구 온난화, 온실가스, 매연, 연료, 냉방, 난방, 역할, 온도, 남극, 북극, 앓다, 오염되다, 베다, 심다, 녹다

{ 풀어 보기 }

1. 다음 중 단어의 의미 관계가 나머지와 <u>다른</u> 하나를 고르십시오.

① 얼다 — 녹다　　② 베다 — 심다
③ 오염되다 — 정화되다　　④ 뜨거워지다 — 추워지다

2. 다음 중 단어의 연결이 나머지와 <u>다른</u> 하나를 고르십시오.

① 녹다 — 녹이다　　② 베다 — 베이다
③ 살다 — 살리다　　④ 오르다 — 올리다

3. 위 글의 내용과 일치하지 <u>않는</u> 것을 고르십시오.

① 지구의 온도가 올라가는 것을 지구 온난화라고 한다.
② 우리의 생활이 편리해질수록 오염도 심해진다.
③ 남극과 북극의 얼음이 녹아도 바다의 온도는 달라지지 않는다.
④ 나무를 많이 베면 날씨가 점점 더워진다.

4. 위 글의 주제를 써 보십시오.

5. 위 글에서 지구 온난화의 이유를 찾아 쓰십시오.

{ 쓰기 }

• 지구의 온난화 문제를 해결하기 위해 우리가 어떤 일을 할 수 있을까요? 여러분의 생각을 써 보십시오.

{ 말하기 }

• 지구 온난화가 우리 생활에 어떤 영향을 주는지에 대하여 이야기해 봅시다.

{ 생각해 봅시다 }

• 우리는 더 편리한 생활을 위해 자연을 개발하는데, 그것이 우리에게 어떤 결과를 가져다주었을까요?

{ 본문 2 } 인간의 삶과 환경 오염

환경을 보존하는 것과 개발하는 것 중 어느 것이 더 중요할까? 이 두 가지 중에서 무엇이 더 중요한지 생각해 볼 필요가 있다.

댐 건설과 골프장 건설을 이러한 예로 들 수 있다. 먼저 댐은 농사를 지을 때 많은 양의 농산물을 얻고, 우리가 물을 사용하는 데 부족함이 없게 하기 위해서 건설하였다. 그런데 댐을 만들면 거기에 살고 있던 사람들이 피해를 보거나, 사람이 살 수 있는 땅이 줄어들 수 있다. 그리고 물이 잘 흐르지 않아서 오염되기도 하고, 물고기들이 오고 가는 길이 없어져서 물고기들이 살지 못할 수도 있다.

사람은 먹고사는 문제가 해결되면, 삶의 여유를 찾고 즐기면서 살기를 원한다. 예를 들어 골프도 삶의 여유를 즐기는 스포츠 중의 하나이다. 그런데 골프장을 건설하려면 나무를 베어야 하고, 나무를 베면 여러 가지 환경 문제가 발생한다. 더구나 만들어 놓은 골프장을 유지하기 위해서는 많은 물이 필요하여 물 낭비가 심해진다. 뿐만 아니라 골프장의 잔디를 잘 관리하려면 그만큼 약을 많이 쳐야 하기 때문에 땅과 물이 오염된다.

1960~80년대에 한국은 경제 성장과 풍요로운 삶을 위해 많은 노력을 했다. 그래서 환경에 대한 관심이 적었던 것이 사실이다. 이제 우리는 다음과 같은 문제에 대해 관심을 가질 필요가 있다.

"인간을 위해서 환경을 개발하는 것이 옳은 일인가, 보존하는 것이 옳은 일인가?"

{ 어휘 }

댐, 건설, 농산물, 피해, 여유, 낭비, 잔디, 짓다, 줄어들다, 즐기다, 발생하다, 유지하다, 치다, 풍요롭다

{ 풀어 보기 }

1. 다음 중 (   )에 공통적으로 들어갈 수 있는 단어를 고르십시오.

· 은행에서 빚을 (   ). · 철수는 이번에는 학교 근처에 있는 방을 (   ). · 아저씨는 이번에 아들이 결혼해서 며느리를 (   ).

① 구하다　② 얻다
③ 빌리다　④ 맞이하다

2. 다음 중 반대말의 연결이 <u>잘못된</u> 것을 고르십시오.

① 관심 — 무관심　② 필요 — 불필요
③ 해결 — 불해결　④ 안정 — 불안정

3. 서로 의미가 같은 것끼리 연결하십시오.

① 공기가 더러워지는 것 •	• ㉠ 토양 오염
② 물이 더러워지는 것 •	• ㉡ 대기 오염
③ 땅이 더러워지는 것 •	• ㉢ 수질 오염

4. 위 글의 내용으로 알 수 있는 것을 고르십시오.

① 댐을 만드는 이유는 환경을 보호하기 위한 것이다.
② 사람들이 골프를 치는 이유는 돈을 많이 벌기 위해서이다.
③ 골프장을 많이 만들면 풀이 많이 잘 자랄 수 있어서 환경을 보호할 수 있다.
④ 1980년대까지 한국 사람들은 환경보다 경제적 풍요로움을 더 중요하게 생각했다.

5. 위 글의 주제를 써 보십시오.

....

....

{ 쓰기 }

• 환경 오염이 우리의 삶에 어떠한 영향을 미칠 수 있을까요? 여러분의 생각을 써 보십시오.

{ 말하기 }

• 여러분 나라에서 자연 환경이 가장 좋은 도시에 대해 이야기해 봅시다.

【속담 한마디 1】

강물도 쓰면 준다.

{ 풀이 }

아주 많은 강물도 쓰면 줄어드는 것처럼, 어떤 것이 아무리 많아도 아껴 쓰지 않으면 곧 없어진다는 것을 나타내는 속담이다. 비슷한 속담으로는 '시냇물도 퍼 쓰면 준다.'가 있다.

{ 활용 }

이수미 : 요즘 지구 온난화가 점점 심해지는 것 같죠?

마이클 : 네. 정말 걱정이에요. 우리 생활 속에서 지구 온난화를 막을 수 있는 방법에는 어떤 게 있을까요?

이수미 : 종이를 아껴 쓰는 것도 방법이 아닐까요? '강물도 쓰면 준다.'는 말이 있잖아요.

마이클 : 맞아요. 종이도 많이 있다고 해서 낭비하면 나중에는 나무도 모두 없어질 테니까요.

{ 과제 } 여러분의 나라에서 쓰이는 비슷한 속담을 적어 보세요.

第2課 ソウル特別市と世宗特別自治市

[学習目標]

1. 大韓民国の首都の過去・現在・未来について探ってみる。
2. 世宗特別自治市を造ることになった背景を調べてみる。

{ 생각해 봅시다 }

• 대한민국은 왜 서울을 수도로 정했을까요?

{ 본문 1 } 한국의 수도인 서울특별시

모든 나라에는 수도가 있습니다. 일반적으로 수도는 정치, 경제, 문화의 중심지입니다. 그렇다면 한국에서는 어떠한 곳을 수도로 정했을까요?

조선 시대 이후로 한국의 수도는 서울이었습니다. 그러나 제2차 세계 대전 이후 정치적·이념적 차이를 겪으면서 38선을 기준으로 남과 북으로 갈라서게 되었습니다. 이러한 국토 분단의 결과로 남한의 수도와 북한의 수도가 각각 서울과 평양으로 나뉘게 되었습니다.

남한의 수도는 서울로서 한반도의 중심을 흐르는 한강 하류에 자리를 잡고 있습니다. 서울은 조선 시대에는 '한양', 대한제국 시대에는 '한성', 일제 강점기 때는 '경성'이라는 이름을 쓰다가 현재는 '서울'이라는 이름을 쓰게 되었습니다. 한편, 북한의 수도는 한반도 서북부 중앙에 자리한 평양입니다. 평양은 평안남도 남서부 대동강 하류에 위치하고 있는 곳으로서, 고구려의 수도였기도 했습니다.

역사는 돌고 돈다는 말이 있습니다. 결국 합쳐진 것은 갈라지게 되어 있고, 갈라진 것은 다시 합쳐진다고 합니다. 현재 남북한은 정치 교류, 경제 교류 그리고 문화 교류를 시도하고 있습니다. 이러한 과정을 거치면서 남북 통일의 길로 다가가고 있습니다.

한반도가 통일이 되었을 때 어떤 곳이 통일 국가 수도로 좋을까요?

{ 어휘 }

수도, 특별시, 이념, 38선, 분단, 한반도, 한강, 하류, 조선 시대, 대한제국 시대, 일제 강점기, 교류, 통일, 갈라서다, 자리를 잡다, 위치하다, 갈라지다

{ 풀어 보기 }

1. 다음 중 ( )에 공통적으로 들어갈 수 있는 단어를 고르십시오.

・그는 많은 어려움을 ( ) 대통령이 되었다. ・부산에서 출발해서 대전을 ( ) 서울에 도착합니다. ・학생들은 중학교와 고등학교를 ( ) 대학에 입학하게 된다.

① 겪다　② 거치다
③ 지나다　④ 통하다

2. 다음 ( )에 들어갈 수 <u>없는</u> 것을 고르십시오.

그 건물은 시내 중심가에 ( ) 있다.

① 위치하고　② 자리하고
③ 자리를 잡고　④ 위치를 정하고

3. 위 글의 내용과 일치하는 것을 고르십시오.

① 한국의 통일 국가 수도는 서울이다.
② 경제 문제 때문에 남과 북으로 나뉘었다.
③ 서울과 평양은 역사와 전통이 깊은 도시이다.
④ 남북으로 분단이 되었지만 교류가 활발해 국민들은 불편이 없었다.

{ 쓰기 }

• 남한과 북한의 수도가 다른 이유를 위 글에서 찾아 써 보십시오.

{ 말하기 }

• 여러분 나라의 수도를 소개해 보십시오.

{ 생각해 봅시다 }

• 여러분 나라에 새로 만든 도시가 있습니까? 그 도시의 특징은 무엇입니까?

{ 본문 2 } 행정 중심 도시인 '세종특별자치시'

한국 속담에 '말은 나면 제주도로 보내고 사람은 나면 서울로 보내라.'라는 말이 있습니다. 이런 말이 생길 정도로, 예로부터 한국 사람들은 서울이나 그 주변에서 모여 살았습니다. 그 결과 현재 인구 5명 중의 1명이 서울에 사는 시대가 되었습니다.

이렇게 인구가 서울에 몰리면서 많은 문제가 생겼습니다. 그 중에서 가장 큰 문제는, 서울은 비약적으로 발전했지만 지역 사회는 그렇지 못하다는 것입니다. 이러한 문제를 해결하기 위해서 수도권 인구 집중 현상을 막고 국토를 균형 있게 발전시켜야 한다는 의견이 나왔습니다. 그래서 행정 중심 도시를 건설하자는 논의가 시작되었고, 2012년 7월 1일부터 충청남도 연기군 일대에 행정 중심 복합 도시인 '세종특별자치시'가 만들어졌습니다.

사실, 세종시가 생기기까지는 많은 어려움이 있었습니다. 특히, 노무현 정부에서 이명박 정부로 바뀌면서 원래 계획이 백지화될 위기에 빠지기도 했습니다. 그러나 결국 국회의 논의를 거쳐서 원래의 계획대로 세종시를 건설할 수 있게 되었습니다.

세종시가 생겨서 수도권의 인구가 분산되어 인구 집중으로 생겼던 여러 문제들을 해결할 수 있게 되었습니다. 이에 따라 수도권의 생활 환경도 나아질 것으로 기대됩니다. 또한 다른 지역들도 세종시와 함께 조화롭게 발전될 것으로 전망됩니다.

{ 어휘 }

주변, 비약적, 지역 사회, 수도권, 집중, 국토, 균형, 의견, 행정 중심 도시, 논의, 일대, 복합 도시, 자치시, 분산, 생활 환경, 정부, 위기, 국회, 백지화되다, 건설하다, 조화롭다, 전망되다

{ 풀어 보기 }

1. 다음 중 단어의 의미 관계가 나머지와 다른 하나를 고르십시오.

① 성공 — 출세　　② 발전 — 성장
③ 분산 — 집중　　④ 나다 — 태어나다

2. 위 글의 내용과 일치하지 않는 것을 고르십시오.

① 서울과 그 주변 지역에 사람들이 많이 모여 산다.
② 서울의 인구 집중을 막기 위해서 세종시가 계획되었다.
③ 세종시의 건설을 계획하고 실행하는 데에 어려움이 많았다.
④ 세종시는 충청도에 위치하고 있으며 첨단 과학 기능을 갖춘 도시이다.

3. 세종시를 건설함으로써 기대되는 효과를 쓰십시오.

{ 쓰기 }

• 대도시에 나타나는 일반적인 문제점에 대해 써 보십시오. 그리고 그것을 해결할 수 있는 방법을 써 보십시오.

{ 말하기 }

• 여러분 나라의 유명한 도시를 소개해 보십시오.

【속담 한마디 2】

서울을 가야 과거에 급제하지.

{ 풀이 }

어떤 성과를 거두려면 그에 상당하는 노력과 준비가 있어야 한다는 뜻을 나타내는 속담이다. 비슷한 속담으로는 '잠을 자야 꿈을 꾸지. 하늘을 보아야 별을 따지.'가 있다.

{ 활용 }

매튜 : 마지막 학기니까 컴퓨터 자격증을 따야 하는데…….
영희 : 지난달부터 그 말을 하더니 아직도 그러고 있어?
매튜 : 바빠서 생각만 하고 있었거든.
영희 : 그래도 자격증은 꼭 따야 하니까 일단 학원부터 알아보자. '서울을 가야 과거에 급제하지.'라는 속담도 있잖아.

{ 과제 } 여러분의 나라에서 쓰이는 비슷한 속담을 적어 보세요.

第3課 この方をご存じですか。

[学習目標]

1. 李泰錫神父を通じて, 奉仕の真の意味を理解する。
2. 絶えず新しい分野に挑戦する安哲秀氏について調べてみる。

{ 생각해 봅시다 }

- 여러분은 봉사 활동을 해 본 적이 있어요? 있다면 그 경험을 통해서 무엇을 느꼈습니까? 없다면 앞으로 어떤 봉사 활동을 해 보고 싶습니까?

{ 본문 1 } 톤즈 사람들을 울린 이태석 신부

남을 위해 봉사를 하는 것은 생각만큼 쉬운 일이 아니다. 그런데 고(故) 이태석 신부는 사람들이 쉽게 하지 못하는 봉사를 한 사람으로 잘 알려져 있다.

그는 의과대학을 졸업한 후에 의사 생활을 하지 않고, 성직자가 되려고 다시 신학대학에 입학했다. 신학생 시절에 남수단(Republic of South Sudan)에서 봉사를 하면서, 자신이 해야 할 일과 할 수 있는 일이 많다는 것을 알았다. 졸업 후 2001년 11월부터 남수단 톤즈(Tonj)에서 선교 활동과 봉사 활동을 시작하게 되었다.

오랜 전쟁으로 인해 가난하고 병든 사람이 많은 톤즈에서 그가 한 역할은 한두 가지가 아니었다. 의사이자, 선생님이자, 직접 병원과 성당을 지은 건축가였다. 뿐만 아니라 독학으로 연주법을 익힌 후에, 전쟁으로 상처받은 아이들을 음악으로 치료하려고 '브라스 밴드(Brass Band)'도 만들었다. 이러한 이태석 신부를 톤즈 사람들은 가장 의지하고 존경했다.

그러던 중 2008년 10월, 한국에 온 그는 종합병원에서 건강검진을 받았다. 뜻밖에 대장암 말기 선고를 받고 2년 동안 투병 생활을 했다. 그러나 몹시 가고 싶어 하던 톤즈로 돌아가지 못하고, 48세의 젊은 나이로 세상을 떠났다. 톤즈 사람들은 남에게 눈물을 보이는 것을 가장 부끄러운 일로 생각하지만, 그 슬픈 소식을 듣고 오랫동안 눈물을 흘렸다.

그를 떠나보낸 톤즈의 아이들은 그의 사랑에 보답하기 위해 커서 봉사를 하며 살겠다고 한다. 이렇게 한 사람에게서 받은 사랑이 또 다른 사람으로 이어진다면 더욱 더 따뜻한 세상이 될 것이다.

{ 어휘 }

봉사, 신부, 성직자, 신학대학, 선교 활동, 성당, 독학, 연주법, 건강검진, 대장암, 말기, 선고, 투병 생활, 세상, 몹시, 소식, 의지하다, 존경하다, 흘리다, 보답하다, 이어지다

{ 풀어 보기 }

1. 다음 중 단어의 의미 관계가 나머지와 다른 것을 고르십시오.

① 고치다 — 치료하다　　② 존경하다 — 무시하다
③ 끊기다 — 이어지다　　④ 입학하다 — 졸업하다

2. 다음의 (　　　)에 공통적으로 들어갈 수 있는 단어를 고르십시오.

·이 고기는 불에 (　　　) 먹어야 한다. ·그 기술을 (　　　) 돈을 벌려면 1년이 걸린다. ·친구는 사람들과 낯을 (　　　) 모임에 참석한다.

① 굽다　　② 알다
③ 배우다　　④ 익히다

3. 위 글의 내용과 일치하는 것을 고르십시오.

① 이태석 신부는 의과대학을 졸업한 후에 바로 톤즈로 갔다.
② 이태석 신부는 처음부터 악기 연주법을 알고 있었다.
③ 이태석 신부는 건강검진을 받은 후에 결국 톤즈로 돌아가지 못했다.
④ 톤즈 사람들은 남에게 눈물을 쉽게 보이는 사람들이다.

4. 이태석 신부가 톤즈에서 한 역할을 모두 찾아서 쓰십시오.

....

....

....

{ 쓰기 }

• 각 봉사 활동의 유형에 맞는 활동 내용으로 어떤 것이 있는지 쓰십시오.

유형	활동 내용
위로, 위문	
교육, 지도	
재난 구호	
일손 돕기	

{ 말하기 }

• 여러분의 나라에서 봉사 활동으로 다른 사람들에게 감동을 준 사람에 대해 이야기해 봅시다.

{ 생각해 봅시다 }

• 여러분은 어떤 일에 도전을 해 봤습니까? 그 경험을 통해서 무엇을 얻었습니까?

{ 본문 2 } 끊임없이 도전하는 멘토, 안철수 씨

안철수 씨는 한국에서 컴퓨터 백신으로 유명한 사람이다. 그는 1986년 의과 대학원에 다닐 때, 국내 최초로 '브레인(Brain)'이라는 컴퓨터 바이러스를 발견했다. 바이러스를 치료하려고 연구한 결과, 2년 뒤에는 한국 최초로 '백신 1(Vaccine 1)'을 개발했다. 이후 7년 동안 의사 생활을 하면서도 백신을 만들어 컴퓨터 사용자들에게 무료로 나누어 주었다.

당시에는 안철수 씨가 유일한 바이러스 치료 전문가였다. 그런데 바이러스는 매년 두 배로 증가했고, 그로 인한 피해도 아주 컸다. 이것이 그가 본업인 의사 생활을 그만두고 백신 사업을 시작하게 된 계기이다.

1995년 3월, 그는 한국 최초로 백신 연구소인 '안철수 컴퓨터 바이러스 연구소'를 설립했다. 그 후 10여 년 동안 경영하던 회사가 안정되자, 40대의 늦은 나이에 경영학을 공부하기 위해 미국으로 유학을 떠났다. 귀국 후에는 카이스트(KAIST)와 서울대 교수를 지내며 연구와 교육에 힘썼다. 뿐만 아니라 막대한 주식을 사회에 내놓으며 공익 재단을 설립하기도 했다.

또한 청년들과 소통하기 위해 전국을 다니며 '청춘 콘서트'를 열었다. 한국 사회의 다양한 문제를 다룬 <안철수의 생각>이라는 책을 통해 많은 독자들과 공감대를 형성하기도 했다.

그는 많은 사람들의 지지로 2012년 9월에 제18대 대통령 선거에 출마 선언을 했지만, 두 달 뒤에 후보 단일화를 위해 야당 후보에게 후보직을 양보했다. 2013년 4월, 서울 노원구의 국회의원으로 당선된 후, 본격적으로 정치를 하게 되었다.

지금까지 안철수 씨가 살아온 모습을 보면, 한곳에 안주하는 사람이 아니었다. 의사, 경영자, 교수, 정치가로서 사회적 지위와 명예를 보장받았지만, 늘 새로운 분야에 관심을 가지고 도전하며 산다. 변화와 도전 앞에서 망설이는 사람이라면 그가 한 이 말을 떠올려 보자.

"도전은 힘이 들 뿐, 두려운 일이 아니다."

{ 어휘 }

바이러스, 본업, 주식, 공익, 재단, 공감대, 지지, 출마, 선언, 후보, 단일화, 야당, 후보직, 국회의원, 경영자, 정치가, 분야, 도전, 안정되다, 힘쓰다, 막대하다, 소통하다, 형성하다, 안주하다, 보장받다, 망설이다

{ 풀어 보기 }

1. 다음 중 반의어의 연결이 아닌 것을 고르십시오.

① 본업 — 부업　　② 최초 — 최후
③ 야당 — 여당　　④ 지지 — 지원

2. 다음의 (　　　)에 공통적으로 들어갈 수 있는 단어를 고르십시오.

・이 매장은 전자 제품만을 (　　　). ・형은 (　　　) 줄 아는 기계가 많다. ・그 소설은 우정을 주제로 (　　　).

① 하다　　② 팔다
③ 다루다　　④ 사용하다

3. 위 글의 내용과 일치하지 않는 것을 고르십시오.

① 안철수 씨가 백신 연구를 하게 된 것은 브레인 바이러스 때문이다.
② 한국 최초의 백신 연구소는 '안철수 컴퓨터 바이러스 연구소'이다.
③ <안철수의 생각>이라는 책의 내용에 공감하는 사람들이 많았다.
④ 안철수 씨는 대통령 선거에서 야당 후보가 되었다.

4. 안철수 씨가 지금까지 해 온 일을 순서대로 쓰십시오.

(의사) → (　　　) → (　　　) → (　　　) → (　　　)

{ 쓰기 }

• 여러분이 도전해 보고 싶은 분야와 그 이유에 대해 써 보십시오.

어떤 분야에 도전하고 싶어요?	
이유는 무엇인가요?	
어떤 결과를 기대할 수 있을까요?	

{ 말하기 }

• 위에 쓴 내용을 바탕으로, 도전해 보고 싶은 분야에 대해 이야기해 봅시다.

【속담 한마디 3】

구르는 돌에는 이끼가 끼지 않는다.

{ 풀이 }

부지런하고 꾸준히 노력하는 사람은 제자리에 머무르지 않고, 더 열심히 노력하여 계속 발전한다는 것을 표현하는 속담이다. 비슷한 속담으로는 '가는 말에 채찍질.'이 있다.

{ 활용 }

수지 : 영수 씨는 성공한 사람인데, 항상 노력하는 것 같아요.
안나 : 그렇죠. '구르는 돌에는 이끼가 끼지 않는다.'는 말처럼 지금도 한곳에 안주하거나 만족하지 않고 늘 노력하고 있네요.
수지 : 우리도 그런 태도를 배워야겠어요.

{ 과제 } 여러분의 나라에서 쓰이는 비슷한 속담을 적어 보세요.

....

....

....

....

....

第4課 韓国の大衆文化はどのような様相でしょうか。

[学習目標]

1. 韓国の大衆文化について調べてみる。
2. 釜山国際映画祭について調べてみる。

{ 생각해 봅시다 }

• 여러분은 한국이라고 하면 무엇이 떠오릅니까?

{ 본문 1 } 세계인을 사로잡은 한국의 대중문화

2013년, 세계는 '싸이'의 '강남 스타일'에 빠졌다. 중독성 있는 가사와 반복되는 리듬, 재미있는 말춤이 세계인들을 사로잡았다. 유튜브 조회 수가 18억 건을 돌파하면서 싸이도 한류의 주역이 되었다.

'한류'라는 말은 중화권에서 처음 쓰이기 시작했다. 1990년대 중・후반 중화권에서는 한국의 TV 드라마인 '사랑이 뭐길래'로 시작하여 가수 클론, HOT 등이 큰 인기를 끌었다. 그 당시 중국 언론에서 한국 대중문화에 대한 열광을 표현하기 위해 한류라는 표현을 사용했다.

일본에서는 2003년에 NHK에서 방영된 TV 드라마 '겨울 연가'로 한류가 시작되었다. 드라마의 주인공인 배용준 씨는 일본 내에서 '욘사마' 열풍을 일으켜, 많은 일본인 관광객들이 그 드라마 촬영지에 방문하기도 했다.

이렇게 드라마 수출로 시작된 한류는 아시아 각국에서 인기를 끌었다. 2000년대 중・후반부터는 한국의 대중가요(K-Pop)와 아이돌 스타가 세계 각국에서 사랑을 받으며 한류 열풍을 이어 가고 있다.

최근에는 세계인들이 한국 대중문화를 통해 한국어, 한국의 음식, 예절, 역사 등에도 큰 관심을 가지기 시작했다. 과거의 한류가 한국 대중문화의 인기 현상을 가리키는 것이었다면, 현재의 한류는 한국의 문화 전반에 대해 세계적으로 관심을 받는 문화 현상으로 그 의미가 확대되었다.

가장 한국적인 것이 세계적인 것이라는 말이 있다. 한국 문화의 특수성을 잘 살려 발전시킬 때, 한류는 세계에서 빛날 수 있을 것이다.

{ 어휘 }

중독성, 유튜브(youtube), 주역, 중화권, 대중문화, 열광, 열풍, 촬영지, 수출, 각국, 대중가요, 특수성, 빠지다, 사로잡다, 돌파하다, 방영되다, 확대되다

{ 풀어 보기 }

1. 다음 중 단어의 의미 관계가 나머지와 다른 것을 고르십시오.

① 확대 — 축소 ② 수출 — 수입
③ 특수 — 보편 ④ 관심 — 호감

2. 다음의 (   )에 공통적으로 들어갈 수 있는 단어를 고르십시오.

・그는 사랑에 (   ) 있다. ・환절기가 되니 머리카락이 많이 (   ). ・119 구조대가 물에 (   ) 사람을 구했다.

① 들어가다 ② 젖다
③ 빠지다 ④ 뽑히다

3. 위 글의 내용과 일치하지 않는 것을 고르십시오.

① 가수 싸이의 강남 스타일은 유튜브를 통해 세계인들을 사로잡았다.
② 한국의 대중문화는 아시아를 넘어 세계 각국에서 사랑을 받고 있다.
③ 한류는 한국의 대중문화를 포함한 문화 전반에 대한 관심을 보이는 현상이다.
④ 한국의 대중문화가 발전하려면 인류 문화의 보편성을 강조해야 한다.

4. 세계인들에게 관심을 받는 한국의 대중문화에는 어떤 것이 있는지 위 글에서 찾아봅시다.

{ 쓰기 }

• 여러분이 관심을 두는 한국의 대중문화에 대하여 써 봅시다.

대중문화	좋아하는 이유

{ 말하기 }

• 한국 대중문화의 장점과 단점에 대하여 자유롭게 말해 봅시다.

{ 생각해 봅시다 }

• 여러분은 어떤 영화를 좋아합니까? 그 영화를 보고 무엇을 느꼈나요?

{ 본문 2 } 부산국제영화제(BIFF)

'부산국제영화제'는 1996년부터 대한민국의 항구 도시 부산에서 매년 10월에 열리는 영화제이다. 이 영화제는 세계 영화계에 한국 영화를 비롯한 아시아 영화의 위상을 높이고자 하는 목적으로 개최되고 있다.

부산국제영화제는 유명한 감독과 배우들이 레드 카펫을 밟는 것으로 시작된다. 개막식에 참여하면 한국뿐 아니라 세계의 유명한 인사들을 가까이에서 직접 볼 수도 있다. 개막 작품이 상영되면서부터 열흘 동안 해운대와 남포동 일대의 극장에서 다양한 영화가 소개된다.

이 영화제에서는 아시아 출신의 신인 감독이 제작한 새로운 영화를 소개하고, 투자자와 만날 수 있도록 주선한다. 1998년에는 신인 감독들과 투자자를 연결해 주는 '부산 프로모션 플랜'이 수립되어, 2011년부터는 '아시아 프로젝트 마켓'이라는 이름으로 이어져 오고 있다. 2012년에는 아시아를 대표할 배우 양성을 목표로 '아시아 연기자 아카데미'를 출범하여 신인 연기자 발굴에 힘쓰고 있다.

부산국제영화제는 다른 영화제와는 달리 관객들이 적극적으로 참여할 수 있는 것이 특징이다. 관객과 영화인이 자유롭고 편한 분위기에서 직접 소통하는 '오픈 토크(open talk)'는 많은 사람들에게 호응을 얻고 있다. 이러한 특징 때문에 부산국제영화제는 짧은 시간 동안 크게 성장할 수 있었다.

우리가 잘 알고 있는 세계 3대 영화제인 칸(Cannes) · 베를린(Berlin) · 베니스(Venice) 영화제는 그 역사가 반세기를 넘었다. 부산국제영화제는 이들 영화제에 비하여 역사가 짧음에도 불구하고 세계적인 영화제로 급성장하고 있다.

백문이 불여일견이다(百聞不如一見). 다가오는 가을, 부산으로 와서 영화의 바다에 풍덩 빠져 보지 않겠는가!

{ 어휘 }

국제, 영화제, 레드 카펫, 개막식, 인사, 투자자, 양성, 발굴, 관객, 호응, 반세기, 풍덩, 비롯하다, 개최되다, 주선하다, 수립되다, 출범하다, 급성장하다, 다가오다

{ 풀어 보기 }

1. 다음 중 단어의 의미 관계가 나머지와 다른 것을 고르십시오.

① 참여하다 — 참가하다　　② 개최되다 — 열리다
③ 개막하다 — 폐막하다　　④ 구경하다 — 관람하다

2. 다음의 (　　　)에 공통적으로 들어갈 수 있는 단어를 고르십시오.

・사과나무에 사과가 (　　　) 있다. ・연말에는 여러 가지 시상식이 (　　　). ・2016년에는 브라질에서 올림픽이 (　　　).

① 달리다　　② 열리다
③ 시작되다　　④ 개최되다

3. 위 글의 내용과 일치하는 것을 고르십시오.

① 영화제의 폐막식에서는 레드 카펫을 밟는 세계의 유명 인사들을 만날 수 있다.
② 부산국제영화제에서는 감독과 투자자를 연결하고, 신인 연기자들을 발굴한다.
③ 관객과 영화인이 간접 소통하는 오픈 토크는 사람들에게 큰 호응을 얻고 있다.
④ 부산국제영화제는 세계3대 영화제 중 하나로 이미 그 역사가 반세기가 넘었다.

4. '부산국제영화제'의 특징을 본문에서 찾아 쓰십시오.

{ 쓰기 }

• 지난해에 열린 부산국제영화제의 개막 작품과 폐막 작품에 대해서 다음 사항을 찾아봅시다.

	작품명	감독명	주연 배우명	출품 국가
개막 작품				
폐막 작품				

{ 말하기 }

• 여러분들이 좋아하는 영화감독이나 배우에 대해서 이야기해 봅시다.

【속담 한마디 4】

구슬이 서 말이라도 꿰어야 보배.

{ 풀이 }

이 속담은 아무리 훌륭하고 좋은 것이라도 다듬고 정리하여 쓸모 있게 만들어야 가치가 있다는 말이다. 비슷한 속담으로는 '부뚜막의 소금도 집어넣어야 짜다.'가 있다.

{ 활용 }

경민 : 우와, 책이 아주 많구나!
왕양 : 응, 책 욕심 탓에 이것저것 샀는데 아직 읽지는 못했어.
경민 : '구슬이 서 말이라도 꿰어야 보배.'야. 책을 사기만 하면 뭐해? 읽어야지.
왕양 : 나도 알긴 아는데, 너무 바빠서…….

{ 과제 } 여러분의 나라에서 쓰이는 비슷한 속담을 적어 보세요.

第5課 韓国の食文化

[学習目標]

1. 韓国の食文化の特徴を理解する。
2. コーヒーを通じて，変化する韓国文化を理解する。

{ 생각해 봅시다 }

- 여러분은 한국 음식 중 어떤 것을 좋아합니까? 한국 음식 문화의 특징은 무엇일까요?

{ 본문 1 } 한국의 음식 문화

'음식 문화'라는 말처럼 우리가 먹고 마시는 음식 속에는 많은 문화적인 의미가 있다. 한국 음식 문화의 특징은 무엇일까?

한국 요리는 발효 식품을 많이 사용한다. 한국 요리의 기본양념인 간장, 된장, 고추장도 발효 식품이다. 발효 식품은 만드는 데에 오랜 시간이 걸리고 만드는 사람의 정성과 인내가 필요하다는 점에서 패스트푸드(fast food)와 대조된다. 한국을 대표하는 음식인 김치도 발효 식품이다. 김장은 겨울 동안 먹을 김치를 한꺼번에 담그는 것으로, 한국인들의 나눔과 공동체 문화를 상징한다. 2013년 12월 5일에 아제르바이잔의 수도인 바쿠에서 개최된 유네스코 제8차 '무형유산위원회'에서 '김장 문화(Kimjang : Making and Sharing Kimchi)'를 인류 무형 문화유산으로 등재하였다.

한국인은 비빔밥이나 쌈처럼 재료를 섞어 조화를 이루는 맛을 즐긴다. 비빔밥은 밥에 다양한 색깔의 나물과 고추장 등을 섞어서 비벼 먹는 것이다. 쌈은 상추나 깻잎 같은 채소에 삼겹살, 김치, 마늘, 고추 등을 얹어서 싸먹는 것이다. 비빔밥이나 쌈은 재료가 섞이고 조화를 이루어 새로운 맛을 (   ), 음식을 골고루 먹게 되어 건강에도 좋다.

2013년 11월 18일자 영국 가디언지 온라인 판에는, '비빔밥'을 "최고의 건강 음식(the ultimate comfort food)"으로 소개하는 글이 실렸다. 이처럼 한국 음식은 한국을 넘어 세계인의 입맛을 사로잡고 있다.

{ 어휘 }

특징, 발효, 식품, 정성, 인내, 김장, 기본양념, 공동체, 인류, 무형, 유산, 쌈, 상추, 깻잎, 조화, 나물, 등재하다, 비비다, 섞이다

{ 풀어 보기 }

1. 아래 문장의 (   )에 공통적으로 들어갈 수 있는 단어를 고르십시오.

· 깻잎에 삼겹살을 (   ) 먹었다. · 선물을 예쁜 포장지에 (   ) 부쳤다. · 저 사람은 입이 (   ) 비밀을 말하면 안 된다.

① 싸다　　② 가볍다
③ 얹다　　④ 포장하다

2. 위 글의 (   )에 들어갈 말로서 적절하지 <u>않은</u> 말을 고르십시오.

① 만들며　　② 만드는 편이며
③ 만들 뿐만 아니라　　④ 만드는 것은 물론이고

3. 위 글의 내용과 일치하지 <u>않는</u> 것을 고르십시오.

① 간장, 된장, 고추장은 모두 발효 식품이다.
② 쌈은 고기나 밥을 채소에 싸서 함께 먹는 것이다.
③ 김장은 봄 동안 먹을 김치를 한꺼번에 담그는 것이다.
④ 비빔밥은 여러 가지 재료가 섞여 조화를 이루는 음식이다.

4. 위 글 셋째 문단의 중심 생각을 써 보십시오.

....

....

....

....

{ 쓰기 }

• 여러분이 좋아하거나 싫어하는 한국 음식에 대하여 써 보십시오.

	한국 음식 BEST 3	이런 맛/모양이에요.
1		
2		
3		

	한국 음식 WORST 3	이런 맛/모양이에요.
1		
2		
3		

{ 말하기 }

• 가장 좋아하는 음식과 싫어하는 음식에 대해 그 이유를 이야기해 보십시오.

이래서 좋아요. :

이래서 싫어요. :

{ 생각해 봅시다 }

• 여러분은 커피를 좋아합니까? 주로 언제 누구와 커피를 마십니까?

{ 본문 2 } 한국인의 커피 사랑

한국에 커피가 들어온 것은 150년 정도밖에 되지 않았다. 그런데 성인 한 명이 일 년 동안 마시는 커피는 300잔이 넘고 길거리에는 커피 전문점이 줄지어 있다. 한국인의 커피 사랑이 이렇게 특별하다면 커피를 통해 한국 문화가 변화되어 온 모습을 엿볼 수 있지 않을까?

예전에는 주로 다방에서 커피를 마셨다. 다방은 지식인이나 예술가들이 모여 새로운 생각, 문화를 소통하는 자리였다. 커피 한 잔을 앞에 놓고 생각에 잠긴 시인의 모습은 그 당시 다방에서 낯설지 않은 풍경이었다.

커피가 한국인에게 널리 사랑받게 된 것은 1회용 봉지 커피와 자동판매기(자판기)의 힘이 컸다. 1회용 봉지 커피는 한국의 한 커피 회사에서 세계 최초로 만든 것인데 커피와 설탕, 크림을 섞었기 때문에 믹스 커피라고도 부른다. 커피 자판기는 1970년대 말에 개발되어 거리 곳곳에 세워졌다. 이 시기 한국은 전쟁으로 무너진 경제를 다시 발전시키기 위해 온 국민이 노력하던 때였다. 싸고 손쉽게 마실 수 있는 믹스 커피나 자판기 커피 한 잔으로 잠시 피로를 풀고 다시 일할 수 있는 힘을 얻었다.

요즘은 길거리에 자판기보다 커피 전문점이 더 눈에 띈다. 때로는 밥값보다 비싼 돈을 주고 커피 전문점을 찾는 이가 늘고 있다. 이는 소비자의 까다로워진 입맛 때문이기도 하고, 편안한 분위기에서 이야기를 나누는 것을 좋아하기 때문이기도 하다. 그래서 가게 주인들은 가게 안을 편안하고 아름답게 꾸미고, 다양한 커피 맛을 개발하기 위해 노력하지 않을 수 없다.

이처럼 커피는 한국 사람과 함께 새로운 문화를 만들어 가고 있다.

{ 어휘 }

성인, 전문점, 다방, 예술가, 지식인, 풍경, 판매, 봉지, 경제, 입맛, 잠기다, 줄짓다, 엿보다, 무너지다, 개발되다, 발전시키다, 손쉽다, 띄다, 까다롭다

{ 풀어 보기 }

1. 아래 문장들의 (　　　)에 공통적으로 들어갈 수 있는 단어를 고르십시오.

・코를 (　　　) 싶은데 휴지가 없다. ・문제를 빨리 (　　　) 싶지만 너무 어렵다. ・사과도 받았으니 이제 그만 화를 (　　　) 싶다.

① 내다　　　② 없애다

③ 풀다　　　④ 해결하다

2. 아래 문장에서 (　) 안의 단어를 서로 바꾸어 쓸 수 <u>없는</u> 것을 고르십시오.

① 커피를 (판매하기 / 팔기) 시작했습니다.

② 커피와 설탕을 (섞었습니다. / 혼동했습니다.)

③ 세계 (최초로 / 처음으로) 1회용 봉지 커피를 만들었습니다.

④ 커피를 마시는 사람이 (늘수록 / 증가할수록) 다방은 점점 없어졌습니다.

3. 다음 중 위 글의 내용과 <u>다른</u> 것을 고르십시오.

① 커피가 한국에 들어온 지 150년 정도 되었다.

② 커피 자판기가 처음 개발된 것은 1970년대였다.

③ 커피 전문점 커피 값은 믹스 커피 값과 비슷하다.

④ 1회용 봉지 커피는 커피, 설탕, 크림을 섞은 것이다.

4. 커피 전문점을 찾는 이유를 위 글에서 찾아 써 보십시오.

{ 쓰기 }

• 여러분들이 좋아하는 음료수나 한국 차(茶)에 대해 써 보세요. 좋아하는 음료수나 한국 차(茶)가 어떤 맛인지, 왜 좋아하는지, 주로 언제 마시는지 써 보세요.

음료수 또는 차의 이름	
맛	
좋아하는 이유	
이럴 때 마셔요	

{ 말하기 }

• 여러분들이 좋아하는 음료수나 한국 차(茶)를 친구들에게 소개해 보십시오.

【속담 한마디 5】

금강산 구경도 먹은 후에야 한다.

{ 풀이 }

아무리 좋은 구경거리가 있어도 배가 불러야 경치를 감상할 수 있지, 배가 고프면 아무 일도 할 수 없다는 뜻이다. 이 속담은 '금강산도 식후경.'이라고도 한다.

{ 활용 }

이보영 : 빨리 가자. 해운대, 남포동, 범어사……, 부산에는 볼 만한 곳이 아주 많아.

제시카 : 아유, 배고파. 일단 뭘 좀 먹고 가면 안 될까?

이보영 : 그러자. 금강산 구경도 먹은 후에야 한다는데, 우리 뭐 먹을까?

{ 과제 } 여러분의 나라에서 쓰이는 비슷한 속담을 적어 보세요.

....

....

....

....

....

第6課 一心に楽しむスポーツ

[学習目標]

1. 2018年平昌冬季オリンピックの誘致過程について調べてみる。
2. 釜山社稷野球場の独特の応援文化について理解する。

{ 생각해 봅시다 }

• 왜 각 나라마다 올림픽을 개최하려고 할까요? 올림픽을 개최하면 어떤 효과를 기대할 수 있나요?

{ 본문 1 } 꿈을 이룰 평창 동계 올림픽

평창은 다른 지역에 비해 그다지 널리 알려진 곳은 아니었다. 눈이 많이 와서 겨울 스포츠를 즐기려는 사람들이 많이 몰리는 겨울에만 지역 경제 활동이 활발해진다. 겨울 스포츠 산업 외에는 특별히 발전할 수 있는 분야도 없는 편이다. 따라서 주민들이 생각해 낸 것이 동계 올림픽의 유치였다.

그러나 올림픽 유치는 생각만큼 쉽지 않았다. 두 번이나 도전했지만, 개최지 투표에서는 매번 적은 표 차이로 경쟁 후보 도시에 지고 말았다. 연이은 실패에도 평창 주민들과 유치단은 포기하지 않고, 몇 년에 걸쳐 다시 차근차근 준비를 했다.

개최지 투표를 하는 날, 특히 주목을 받은 두 사람이 있었다. 그들은 바로 한국 피겨스케이팅의 김연아 선수와 미국 모굴 스키의 토비 도슨(한국명 김봉석) 선수였다. 이들은 평창이 선택되어야만 하는 내용과 희망적이고 감동적인 내용의 프레젠테이션으로 참석한 위원들로부터 뜨거운 지지를 받았다.

"PYEONGCHANG 2018"

자크 로게 국제올림픽위원회 위원장이 제23회 동계 올림픽의 개최지를 발표하는 순간, 유치단과 평창 주민들은 동시에 환호성을 질렀다.

그들이 올림픽 개최를 간절히 원했던 이유는 크게 세 가지로 볼 수 있다. 특정 종목에 치우치지 않고 겨울 스포츠를 즐기는 인구가 확대되고, 평창이 국내외의 다른 도시처럼 발전하여 경제활동이 활발해지며, 나아가 올림픽을 개최한 세계적인 도시로 위상이 높아지는 것이다.

평창 주민들과 각국의 선수들은 '포기하지 않고 노력하면 꿈은 이루어진다.'라는 말을 떠올리며, 오늘도 평창 동계 올림픽의 준비에 힘쓰고 있다.

{ 어휘 }

유치, 개최지, 차근차근, 주목, 위원장, 동시, 환호성, 종목, 인구, 위상, 그다지, 활발하다, 몰리다, 연잇다, 지르다, 간절하다, 치우치다

{ 풀어 보기 }

1. 다음 중 단어의 의미 관계가 나머지와 <u>다른</u> 것을 고르십시오.

① 지지하다 — 반대하다　　② 힘쓰다 — 노력하다
③ 간절하다 — 절실하다　　④ 치우치다 — 기울다

2. 다음의 (　　　)에 공통적으로 들어갈 수 있는 단어를 고르십시오.

・김 과장은 이 일에 책임을 (　　　). ・해가 서산으로 (　　　) 금방 어두워진다. ・등에 무거운 짐을 (　　　) 무척 힘들 것이다.

① 느끼다　　② 메다
③ 넘어가다　　④ 지다

3. 위 글의 내용과 일치하는 것을 고르십시오.

① 평창은 다른 도시처럼 발전한 곳이다.
② 한국은 이미 동계 올림픽을 치른 적이 있다.
③ 한국은 세 번의 도전 끝에 유치를 하게 되었다.
④ 두 선수의 프레젠테이션은 그다지 도움이 되지 못했다.

4. 동계 올림픽 유치단과 평창 주민들은 왜 평창에서 올림픽이 개최되기를 원하는지 위 글에서 찾아서 쓰십시오.

{ 쓰기 }

• 올림픽에서 가장 기억에 남는 장면을 떠올리며 써 봅시다.

	내용
언제?	
누가?	
어떤 장면?	

{ 말하기 }

• 위에 쓴 내용을 바탕으로 해서, 왜 그 장면이 기억에 남는지 친구들과 이야기해 봅시다.

{ 생각해 봅시다 }

- 여러분은 좋아하는 스포츠 팀을 응원해 본 적이 있습니까? 지금까지 본 응원 중에 재미있었던 응원에 대해 말해 봅시다.

{ 본문 2 } 재미있는 응원 문화의 중심, 부산 사직 야구장

한국 프로 야구에는 특정한 지역에 특정한 팀을 두는 지역 연고지 제도가 있다. 부산에 연고지를 둔 팀은 '롯데 자이언츠(LOTTE GIANTS)'로, 사직 야구장을 홈구장으로 사용한다. 그곳은 재미있고 독특한 응원 문화가 있는 곳으로 유명하다.

롯데 팀의 경기가 열리는 날은 빈자리가 거의 없다. 남녀노소 모두 응원단장이 외치는 구호와 치어리더들이 하는 율동을 따라서 하며 즐거워한다. 이 즐거운 응원에 빠질 수 없는 도구가 있는데 바로 '신문지'와, 쓰레기를 담는 '주황색 봉지'이다. '신문지 응원'은 신문지를 일정한 크기로 찢은 후에 먼지떨이 모양으로 만들어서 흔드는 것이다. 그리고 '봉다리 응원'은 주황색 봉지에 공기를 불어 넣어 묶은 후, 머리에 쓰고 응원하는 것이다. 여기에 연속적인 '파도타기 응원'까지 함께 하면 열기가 한층 더해진다.

또 그곳에는 많은 사람들이 신기해하고 놀라워하는 '합창 응원'이 있다. 팬들은 롯데 팀의 대표적 응원가인 '부산 갈매기'와 최신 유행가도 목청껏 부르고, 각 선수들에게 어울리는 노래도 만들어 부르며 선수를 격려하기도 한다. 다 함께 노래를 즐기는 곳이기에 '사직 노래방'이라는 별칭도 있다. 재미있고 신나는 노래 덕분에 한층 더 즐거워지고, 쌓인 스트레스도 풀 수 있으니 일석이조라 하겠다.

이 외에도 사직 야구장에는 볼거리와 먹을거리 그리고 즐길 거리가 다양하다. 롯데 팀의 경기가 있는 날, 일은 잠시 접어 두고 그곳에서 한마음으로 즐기는 것은 어떨까.

{ 어휘 }

프로 야구, 연고지, 제도, 남녀노소, 응원 단장, 구호, 율동, 먼지떨이, 연속적, 열기, 갈매기, 목청껏, 일석이조, 별칭, 특정하다, 독특하다, 외치다, 찢다, 불다, 묶다, 신기하다, 접다

{ 풀어 보기 }

1. 마지막 문단의 '접어 두고'를 알맞게 바꾸어 쓴 것을 고르십시오.

① 겹쳐 두고 ② 미루어 두고
③ 펼쳐 두고 ④ 마무리해 두고

2. 다음 중 단어의 의미 관계가 나머지와 다른 것을 고르십시오.

① 책상 위에 두다 — 놓다 ② 영화를 만들다 — 제작하다
③ 신발 끈을 묶다 — 풀다 ④ 모양이 독특하다 — 특이하다

3. 다음의 (　　　)에 공통적으로 들어갈 수 있는 단어를 고르십시오.

· 동생은 영어로 입학 원서를 (　　　) 한다.
· 이번에 내가 승진을 했으니 한턱을 (　　　).
· 사람들은 문서를 작성할 때 컴퓨터를 (　　　).

① 적다 ② 쓰다
③ 내다 ④ 사용하다

4. 위 글의 내용과 일치하는 것을 고르십시오.

① 지역 연고지 제도는 특정한 지역과 관계가 없다.
② 사직 야구장 안에는 따로 노래방이 있다.
③ 주황색 봉지는 원래 쓰레기를 담으려고 만든 것이다.
④ 신문지 응원과 봉다리 응원은 다른 야구장에서도 흔히 볼 수 있다.

{ 쓰기 }

• 여러분 나라에는 어떤 응원 문화가 있는지 써 보십시오.

응원 이름	
필요한 도구	
만드는 방법 또는 사용 방법	

{ 말하기 }

• 여러분 나라의 응원 문화와 한국의 응원 문화의 차이점에 대해 이야기해 봅시다.

【속담 한마디 6】

공든 탑이 무너지랴?

{ 풀이 }

공을 들여서 쌓은 탑은 단단하여 쉽게 무너질 리가 없는 법이다. 즉 힘을 다하고 정성을 다하여 한 일은 그 결과가 반드시 헛되지 않다는 뜻의 속담이다. 비슷한 속담으로는 '뿌린 대로 거둔다.'가 있다.

{ 활용 }

코야 : 제가 '한국어 능력 시험'에 합격할 수 있을지 걱정이 돼요.
미나 : 너무 걱정하지 마세요. '공든 탑이 무너지랴?'라는 말이 있잖아요. 코야 씨가 지금까지 차근차근 준비를 잘 해 왔으니까 꼭 합격하실 거예요.
코야 : 고마워요, 미나 씨. 저도 이번에 꼭 합격하면 좋겠어요.

{ 과제 } 여러분의 나라에서 쓰이는 비슷한 속담을 적어 보세요.

第7課 インターネットで私たちの生活がどのように変わったでしょうか。

[学習目標]

1. インターネットが私たちの生活にどのような影響を及ぼしたか, 調べてみる。
2. オンラインゲームの順機能と逆機能について理解する。

{ 생각해 봅시다 }

• 여러분은 인터넷으로 주로 무엇을 합니까?

{ 본문 1 } 인터넷과 생활의 변화

현대인들에게 컴퓨터와 스마트폰은 필수품이 되었다. 컴퓨터로 정보를 검색하고, 이메일을 보내며, 쇼핑을 하기도 한다. 최근에는 스마트폰과 같은 모바일 기기를 사용하여 언제 어디에서나 인터넷을 할 수 있게 되었다.

컴퓨터가 등장하면서 많은 정보를 빠른 속도로 처리할 수 있게 되었고, 이와 더불어 컴퓨터 상호 간의 정보 교환을 위해 통신망을 개발했다. 이 통신망의 발달로 전 세계의 컴퓨터가 하나의 네트워크로 묶이게 되어 인터넷이 가능해졌다.

인터넷으로 인해 우리 생활에는 큰 변화가 일어났다. 포털 사이트에서 누구나 손쉽게 필요한 정보를 얻을 수 있고, 이메일로 편지를 쓰거나 파일을 보내기도 한다. 백화점에 가지 않고 집에서 인터넷 쇼핑을 하며, 은행에 가지 않고도 인터넷 뱅킹으로 각종 금융 거래를 할 수 있다. 또한 화상 통화로 멀리 있는 사람과 얼굴을 보며 대화를 한다.

최근에는 스마트폰이 널리 쓰이면서 시간과 장소에 상관없이 손쉽게 인터넷에 접속할 수 있다. 또한 카카오톡 같은 채팅 애플리케이션이 생겨나서 무료로 문자나 음성 메시지를 이용할 수 있게 되었고, 페이스북이나 트위터와 같은 SNS를 통해 실시간으로 수많은 사람들과 정보를 공유할 수 있게 되었다.

우리는 인터넷 덕분에 생활과 정보의 혁신 시대를 살아가고 있다. 만약 인터넷이 없다면 우리는 어떻게 살아가고 있을까?

{ 어휘 }

필수품, 모바일, 기기, 상호, 통신망, 포털 사이트, 파일, 인터넷 뱅킹, 각종, 금융, 거래, 혁신, 등장하다, 처리하다, 접속하다, 공유하다

{ 풀어 보기 }

1. 다음 중 단어의 의미 관계가 나머지와 다른 것을 고르십시오.

① 악기 — 피아노　　② 채팅 앱 — 카카오톡
③ 모바일 기기 — 스마트폰　　④ 컴퓨터 — 인터넷

2. 다음의 (　　　)에 공통적으로 들어갈 수 있는 단어를 고르십시오.

· 남의 단점은 (　　　) 쉬운 법이다.
· 다음 주에 취직 시험을 (　　　) 한다.
· 기회를 (　　　) 부모님께 말씀드리는 게 좋겠다.

① 보다　　② 살피다
③ 치다　　④ 발견하다

3. 위 글의 내용과 일치하지 않는 것을 고르십시오.

① 스마트폰을 사용하여 언제, 어디에서나 인터넷을 할 수 있다.
② 인터넷은 컴퓨터 상호 간을 연결하는 네트워크 체제를 말한다.
③ 이메일을 통해 누구나 손쉽게 필요한 정보를 얻을 수 있다.
④ 카카오톡이 생겨나서 무료로 문자나 음성 메시지를 이용하게 되었다.

4. 인터넷으로 인해 우리 생활이 어떻게 변화하였는지 본문을 참고하여 쓰십시오.

	과거	현재
정보 검색	· 도서관에 가서 직접 자료를 찾음	·
정보 교환	· 직접 찾아가서 정보를 교환함	·
전자 상거래	· 은행에 방문하여 일을 처리함	·
	· 백화점에 가서 물건을 구입함	·

{ 쓰기 }

• 오늘 여러분은 스마트폰으로 무엇을 했습니까?

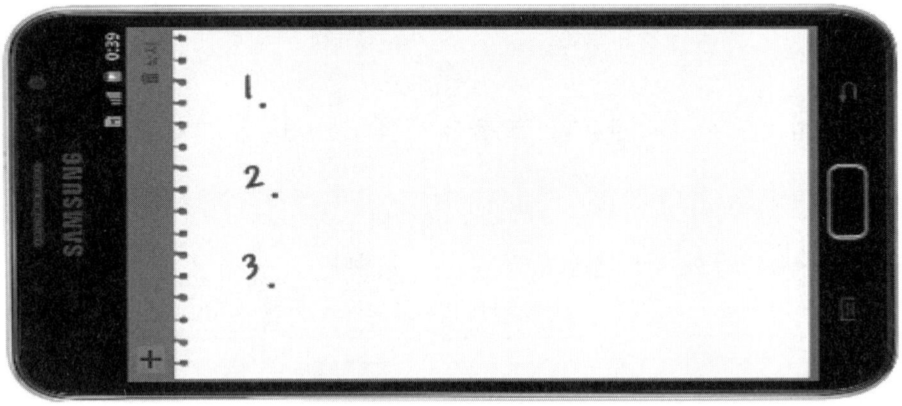

{ 말하기 }

• 하루 동안 스마트폰을 쓸 수 없다면 무엇이 가장 불편할지 이야기해 봅시다.

{ 생각해 봅시다 }

• 여러분은 온라인 게임을 해 본 적이 있나요? 어떤 게임을 자주 하나요?

{ 본문 2 } 온라인 게임의 순기능과 역기능

최근 인터넷의 발달로 많은 사람들이 온라인 게임을 즐기고 있다. PC방에서는 대부분의 사람들이 게임을 즐기고 있으며, 버스나 지하철에서도 사람들이 스마트폰으로 게임을 하는 모습을 심심찮게 볼 수 있다. 이렇게 누구나 한번쯤은 인터넷을 사용하여 온라인 게임을 한 적이 있을 것이다.

그렇다면 사람들은 왜 온라인 게임을 즐기는 것일까?

우리는 온라인 게임을 통해 다른 사람들과 소통한다. 게임을 하면서 재미를 느끼고 스트레스를 해소할 뿐만 아니라 친구를 사귀고 이야기를 나눌 수도 있다. 그리고 어떤 과제를 수행하면 '레벨 업'이나 '아이템 획득'이라는 적절한 보상을 받아 도전 의식과 성취감을 느끼게 된다. 또 타인과의 협동심과 경쟁심을 자극하는 과제가 많아 함께하는 재미가 있다.

그러나 온라인 게임의 유행과 함께 많은 문제가 생겼다. 가상 공간은 익명성이 보장되는데, 이 점을 악용하여 폭언을 하는 경우가 있다. 또한 지나치게 경쟁심을 자극하여 게임 아이템을 실제 현금으로 거래하기도 한다.

특히 게임 중독은 신체적, 심리적, 사회적으로 여러 가지 문제를 일으킨다. 하루 종일 온라인 게임에만 빠져서 수면이 부족하게 되는가 하면, 게임 때문에 우울증이나 정신적인 문제를 겪는다. 또한 게임상에서 싸운 사람을 실제로 찾아가서 폭행하는 일도 발생하였다.

이제 온라인 게임은 하나의 오락 문화로 자리 잡았다. 건전한 오락 문화를 위해서 우리는 어떤 노력을 해야 할까?

{ 어휘 }

보상, 의식, 획득, 성취감, 협동심, 경쟁심, 익명성, 가상, 폭언, 수면, 우울증, 폭행, 오락, 심심찮다, 해소하다, 수행하다, 자극하다, 악용하다, 거래하다, 적절하다, 건전하다

{ 풀어 보기 }

1. 다음 중 단어의 의미 관계가 나머지와 다른 것을 고르십시오.

① 부족하다 — 충분하다 ② 건전하다 — 불건전하다
③ 협동하다 — 경쟁하다 ④ 성취하다 — 성공하다

2. 밑줄 친 단어에 사용된 의미가 나머지와 다른 하나를 고르십시오.

① 김 선생은 겪을수록 괜찮은 사람인 것 같아.
② 이별의 아픔을 겪은 후에 그는 더 성숙해졌다.
③ 지하철 개통이 늦어져서 시민들이 불편을 겪게 되었다.
④ 지난 10년 동안 우리는 사회의 모든 분야에서 큰 변화를 겪었다.

3. 위 글의 내용과 일치하는 것을 고르십시오.

① 온라인 게임은 협동심과 경쟁심을 자극하여 우리에게 스트레스를 준다.
② 지나친 도전 의식 때문에 온라인 게임이 사회적으로 문제가 되기도 한다.
③ 가상공간은 익명성이 보장되므로 누구나 타인과 소통을 할 수 있다.
④ 게임 중독 때문에 우울증이나 정신적인 문제를 겪기도 한다.

4. 온라인 게임의 순기능과 역기능을 본문에서 찾아 쓰십시오.

순기능	역기능

{ 쓰기 }

• 온라인 게임 때문에 일어난 사회적 문제를 인터넷 뉴스나 신문에서 찾아봅시다.

{ 말하기 }

• 여러분은 온라인 게임을 하면서 어떤 일을 경험했습니까? 좋은 일이나 그렇지 못한 일이 있다면 발표해 봅시다.

【속담 한마디 7】

십 년이면 강산도 변한다.

{ 풀이 }

세월이 흐르게 되면 모든 것이 다 변하게 된다는 뜻을 나타내는 속담이다.

{ 활용 }

헨리 : 거의 10년 만에 고향에 갔었는데, 못 알아볼 정도로 많이 변했더라.

민희 : 당연하지. 십 년이면 강산도 변한다잖아.

헨리 : 옛날에는 산이었는데 지금은 그 자리에 아파트 단지가 생겼더라. 정말 내 고향인가 하는 생각도 들었어.

{ 과제 } 여러분의 나라에서 쓰이는 비슷한 속담을 적어 보세요.

第8課 国際社会で韓国はどのような役割をしているでしょうか。

[学習目標]

1. 国際社会における韓国の役割の変化について調べてみる。
2. 南北分断のために生じた朝鮮半島の特殊な状況について理解する。

{ 생각해 봅시다 }

• 유니세프를 아십니까? 여러분은 누군가를 후원하는 활동을 한 적이 있습니까?

{ 본문 1 } 유니세프 한국 위원회

전 세계 18세 미만 아동의 절반 정도가 가난과 질병, 배고픔에 시달리고 있다고 한다. 먹을 것이 없어서 굶어 죽어 가고 있는 아이들의 모습은 삶의 고통이 얼마나 깊은지 보여 준다. 이들에게는 누군가의 도움이 간절히 필요하다.

'유니세프(UNICEF)'라고도 불리는 유엔아동기금(United Nations Children's Fund)은 바로 이런 아이들을 돕기 위한 국제단체이다. 1950년 한국 전쟁이 일어나자, 유니세프는 전쟁으로 고통 받는 어린이들을 위해 긴급 구호 활동을 시작했다. 그 당시 유니세프가 한국에 지원한 분유 약 육천삼백만 킬로그램은 천만 명의 어린이들이 1년 내내 하루 한 잔씩 마실 수 있는 엄청난 양이었다.

유니세프에 매달 후원금을 보내고 계신 한 할머니는 "60년 전에는 나도 그랬어. 전쟁이 나서 부모님 돌아가시고 먹을 것도 잠잘 곳도 없었거든. 유니세프가 준 우유를 먹고 배고픔을 이겨 냈지. 그래서 이제는 내가 매달 후원금을 보내고 있어."라고 말했다. 한국은 유니세프에서 도움을 받던 나라가 도움을 주는 나라로 발전한 첫 사례였다. 1994년 설립된 유니세프 한국 위원회에서는 다양한 봉사 활동을 하고 있다. 후원금을 모금하여 배고픈 아이들을 위해 식량을 보내고, 병든 아이들을 위해 약을 보낸다. 또 수도 시설을 만들어 맑은 물을 마실 수 있게 해 주고, 학교를 지어서 교육을 받을 수 있게 해 주고 있다.

국적, 인종, 이념, 종교 등과 상관없이 도움을 필요로 하는 사람에게 도움을 주는 것이 유니세프의 정신이다. 유니세프 정신을 실천함으로써 병과 배고픔으로 죽어 가는 아이들의 소중한 목숨을 구할 수 있다. 많은 한국인들이 이 일에 적극적으로 참여하고 있다.

{ 어휘 }

아동, 질병, 기금, 긴급, 구호, 분유, 후원금, 사례, 위원회, 식량, 수도, 시설, 인종, 시달리다, 지원하다, 설립되다, 모금하다, 실천하다

{ 풀어 보기 }

1. 다음 중 두 문장의 의미가 비슷하지 <u>않은</u> 것을 고르십시오.

① 분유를 지원하였다. — 분유를 구호하였다.
② 배고픔에 시달리고 있다. — 배고픔에 고통 받고 있다.
③ 소중한 목숨을 구할 수 있다. — 귀한 목숨을 구할 수 있다.
④ 유니세프 한국 위원회가 설립되었다. — 유니세프 한국 위원회가 세워졌다.

2. 다음의 (　　　)에 공통적으로 들어갈 수 있는 단어를 고르십시오.

· 그는 고향에 좋은 집을 (　　　). · 두 명씩 짝을 (　　　) 앉아 보세요. · 내 이름은 할아버지께서 (　　　) 주셨다.

① 짓다　　② 만들다
③ 이루다　　④ 정하다

3. 위 글의 내용과 일치하지 <u>않는</u> 것을 고르십시오.

① 유니세프는 아이들을 도와주는 봉사 단체이다.
② 한국도 유엔아동기금의 도움을 받은 적이 있다.
③ 유니세프는 국적이나 인종, 종교를 차별하지 않는다.
④ 유니세프는 한국 전쟁 이후 계속 한국을 돕고 있다.

4. 위 글에서 유니세프 한국 위원회가 어떤 일을 하는지 찾아 써 보세요.

{ 쓰기 }

• 지진이 일어나 모든 것을 잃어버린 마을이 있습니다. 마을 사람들에게 가장 필요한 것은 무엇일까요? 여러분이 그들을 위해 할 수 있는 일은 무엇인지 써 보십시오.

마을 사람들에게 필요한 것	내가 할 수 있는 것

{ 말하기 }

• 쓰기 활동한 것을 바탕으로 하여, 구체적인 구호 활동 계획을 말해 보십시오.

{ 생각해 봅시다 }

• 한국인들은 한반도의 평화를 유지하기 위해 어떤 노력을 하고 있을까요?

{ 본문 2 } 한반도의 평화를 위한 노력

한국에서 살아 본 적이 없는 외국인들은 한국이 위험한 나라라고 생각하기도 한다. 이는 북한과 전쟁이 끝난 것이 아니고 중단된 상태이기 때문이다.

분단 상황은 한국인들이 풀어야 할 숙제로 남아 있다. 북한은 경제 위기, 식량 위기에 몰려 있으면서도 핵무기를 개발하는 등 군사비를 과도하게 지출하고 폐쇄적인 정치 체제를 바꾸지 않고 있다. 또 남한도 북한에 대한 경제 지원을 중단하는 등 강경 정책을 쓰기도 했다. 이런 점이 남북한의 긴장을 강화하고 있다.

그러나 한반도의 평화를 위한 노력 또한 계속 이루어지고 있다. 한국은 '강경 정책'과 반대되는 '햇볕 정책'을 펴기도 했다. '햇볕 정책'이라는 말 속에는 겨울 나그네의 외투를 벗게 만드는 것은 강한 바람이 아니라 따뜻한 햇볕이라는 의미가 담겨 있다. 햇볕 정책의 결과 남북한의 지도자가 평양에서 만나 한반도의 평화를 논의한 적도 있다. 또 남북한은 서로 경제 협력도 하고 있는데, 1998년부터 추진하고 있는 북한 금강산 일대의 관광 사업과, 2000년 남북한이 공동으로 산업 단지를 조성한 개성 공단 사업이 그 예이다. 이러한 남북의 평화적 협력 관계가 계속 발전되기를 기대한다.

정치적이든 경제적이든 남북 간의 교류가 많아질수록 한반도에 평화가 정착될 가능성도 높아질 것이다. 평화를 위해서는 남북한 모두의 노력과 양보가 필요하다. 또 이웃나라들이 한반도의 평화는 곧 아시아의 평화, 세계의 평화라는 생각을 할 수 있도록 외교적 노력도 계속해야 한다.

{ 어휘 }

핵무기, 군사비, 지출, 폐쇄적, 강경, 정책, 공단, 단지, 협력, 양보, 중단되다, 과도하다, 강화하다, 추진하다, 조성하다, 정착되다

{ 풀어 보기 }

1. 다음 중 두 문장의 의미가 가장 다른 것을 고르십시오.

① 공원을 조성하였다. — 공원을 만들었다.
② 햇볕 정책을 폈다. — 햇볕 정책을 실시했다.
③ 위기에 몰렸다. — 위기에 집중됐다.
④ 생활비를 과도하게 지출하였다. — 생활비를 지나치게 지출하였다.

2. 다음 중 반의 관계가 아닌 것을 고르십시오.

① 강화 — 약화
② 중단되다 — 계속되다
③ 개방 — 폐쇄
④ 협력하다 — 협동하다

3. 위 글의 내용과 일치하지 않는 것을 고르십시오.

① 남북한은 정치적 협력은 하고 있지만 경제적 협력은 아직 한 적이 없다.
② 한국이 분단국가이기 때문에 위험하다고 생각하는 외국인도 있다.
③ 햇볕 정책의 결과 남북한 정상 회담이 열리기도 했다.
④ 한반도의 평화는 주변 국가의 평화와 관련이 있다.

4. '햇볕 정책'의 의미를 위 글에서 찾아 써 보세요.

{ 쓰기 }

• 여러분이 한국의 정치인이라면 이럴 때 어떻게 하시겠습니까? 대응 방법과 그 이유를 써 보십시오.

북한	대응 방법	이유
북한에서 핵무기를 개발하고 있어요.		
식량이 모자라 굶고 있는 북한 주민이 많아요.		

{ 말하기 }

• 한반도의 평화가 깨진다면 한국에 어떤 일이 생길까요? 또 국제 사회에는 어떤 영향을 미칠까요?

【속담 한마디 8】

이웃이 사촌보다 낫다.

{ 풀이 }

이 속담은 가까이 사는 이웃이 먼 곳에 사는 친척보다 좋다는 뜻을 나타낸다. 자주 보는 사람이 정도 많이 들고 도움을 주고받기도 쉽기 때문이다. 비슷한 말로 '가까운 남이 먼 일가보다 낫다.'가 있다.

{ 활용 }

왕영 : 내일 저희 집에서 집들이를 하는데, 음식을 어떻게 준비해야 할지 모르겠어요.

미영 : 제가 도와 드릴까요?

왕영 : 도와주시면 저야 정말 고맙지만, 미안해서 그러죠.

미영 : 뭘요. 이웃끼리 서로 돕고 살아야죠. 가까이 사는 사람이 정도 많이 들고, 도움을 주고받기도 쉽잖아요? 그래서 '이웃이 사촌보다 낫다.'고도 해요.

{ 과제 } 여러분의 나라에서 쓰이는 비슷한 속담을 적어 보세요.

第9課 韓国人はどこがよく悪くなるでしょうか。

[学習目標]

1. 韓国人によく生じる病気が何か調べてみる。
2. 健康を守るための食生活について探ってみる。

{ 생각해 봅시다 }

• 여러분이 자주 앓는 병은 무엇입니까? 그 이유를 생각해 봅시다.

{ 본문 1 } 한국인에게 흔히 생기는 질병

인간은 누구나 살아가는 동안에 질병으로 고통을 겪기 마련이다. 질병은 개인이 속한 사회, 문화, 자연 환경과도 밀접한 관계가 있다. 그렇다면 한국인들은 시대별로 어떤 질병으로 고통을 받아 왔을까?

1950년대에는 결핵 환자가 많았다. 그 당시 한국 사회는 전쟁 후 폐허가 되었고 먹을 것이 없어서 사람들이 충분한 영양을 섭취하지 못했다. 그래서 많은 사람들이 면역력이 크게 떨어져 결핵균에 쉽게 감염되었다. 1960년대부터 1970년대까지는 한국의 산업화가 진행되었으나 개인의 위생까지 돌볼 여유가 없었다. 이 시기에는 콜레라와 뇌염과 같은 전염병으로 피해가 많았다.

1980년대 이후 한국의 경제는 눈부시게 발전했고 도시의 인구도 많이 증가하였다. 이런 과정 속에서 식생활과 생활 방식이 서구화되었고 이로 인해 암, 당뇨, 뇌혈관 질환, 심장과 혈관 질환, 간 질환으로 사망하는 사람들이 많아졌다. 특히 한국 중년 남성의 사망률이 아주 높은 편인데, 이는 직장인들이 직장에서 받은 스트레스를 다양한 문화생활로 풀기보다는 음주, 흡연 등으로 풀기 때문이다. 그리고 한국이 산업화 과정을 거치면서 환경오염이 심화되어 천식이나 아토피 등이 면역력이 약한 사람들에게 급속도로 퍼졌다.

인간은 질병 없이 살 수 없다. 또한 시대마다 유행하는 질병이 있기 마련이다. 하지만 의학이 발달하고 경제 수준도 높아져서 발병률을 낮출 수 있게 되었다. 심지어 앞으로는 100살까지도 살 수 있을 것이라는 말이 나오기도 한다. 인간의 수명이 길어지는 것도 중요하지만, 아프지 않고 행복하게 사는 것이 더 중요한 일이다.

{ 어휘 }

결핵, 폐허, 영양, 면역력, 콜레라, 위생, 뇌염, 전염병, 서구화, 암, 당뇨, 뇌, 혈관, 심장, 간, 천식, 아토피, 밀접하다, 감염되다, 눈부시다, 섭취하다, 심화되다, 퍼지다, 유행하다

{ 풀어 보기 }

1. 다음 중 단어의 의미 관계가 다른 하나를 고르십시오.

① 발달 — 발전 ② 관계 — 관련
③ 피해 — 가해 ④ 질환 — 질병

2. 다음 문장 중에서 의미가 다른 하나를 고르십시오.

① 인간은 누구나 질병으로 고통 받을 리가 없다.
② 인간은 누구나 당연히 질병으로 고통을 받는다.
③ 인간은 누구나 질병 때문에 고통을 받기 마련이다.
④ 인간은 누구나 질병으로 고통을 받을 수밖에 없다.

3. 위 글의 내용과 일치하는 것을 고르십시오.

① 질병은 시대적 상황에 영향을 받지 않는다.
② 한국의 중년 여성의 사망률이 남성보다 높다.
③ 앞으로 한국 사람들의 평균 수명이 100세가 된다.
④ 면역 기능이 약해지면 결핵에 걸릴 확률이 높아진다.

{ 말하기 }

• 최근에 세계적으로 유행한 전염병에 대해서 이야기해 봅시다.

{ 쓰기 }

• 한국에서 시대별로 발생했던 질병의 종류와 질병이 발생한 이유를 위 글에서 찾아 써 보십시오.

시기	질병의 종류	질병이 발생한 이유
1950년대		
1960년대 ~ 1970년대		
1980년대 이후		

{ 생각해 봅시다 }

• 여러분은 음식을 짜게 먹는 편입니까? 아니면 싱겁게 먹는 편입니까? 우리의 건강과 소금 섭취량은 어떤 관계가 있는지 생각해 봅시다.

{ 본문 2 } 고혈압을 일으키는 소금

한국인이 좋아하는 대부분의 음식에는 세계보건기구(WHO)가 정한 하루 권장량(2,000mg)을 넘거나 하루 권장량에 가까운 소금이 들어 있다.

한국의 보건복지부에서는 "나트륨 섭취량을 15% 줄이는 것이 흡연 인구를 20% 줄이는 것보다 심혈관 질환 예방에 더욱 효과적이라는 연구 결과도 있다."라고 발표한 바가 있다. 나트륨을 과다 섭취하면 그만큼 건강에 좋지 않다는 말이다.

인체의 혈액에는 나트륨이 0.9% 정도 포함되어 있다. 그 양을 유지하기 위해 하루에 2g 정도의 소금만 먹으면 충분하다. 그러나 더 이상 섭취하게 되면 나트륨이 혈관 속으로 수분을 흡수하고, 그 결과로 혈압이 높아지게 된다. 고혈압 상태가 계속되면 뇌와 같은 민감한 기관에 손상이 생길 수 있고, 심장이 일을 많이 해서 약해질 수도 있다. 그래서 심장에 문제가 생기거나 뇌출혈 등의 질환으로 사망에 이르기까지 하는 것이다.

고혈압을 예방하기 위해서는 규칙적인 운동도 필요하겠지만, 소금의 섭취량을 조절하는 것이 가장 중요하다. 특히, 한국인이 가장 즐겨 먹는 김치류나 된장류에는 나트륨이 많이 포함되어 있기 때문에 생야채를 함께 먹는 등의 방법으로 나트륨의 수치를 낮춰야 할 것이다.

일상생활에서 맛보다 건강을 생각하여 소금의 섭취량을 조절하는 것이 필요하다.

{ 어휘 }

권장량, 나트륨, 섭취량, 혈압, 고혈압, 기관, 손상, 뇌출혈, 규칙적, 수치, 발표하다, 충분하다, 흡수하다, 민감하다, 조절하다, 포함되다, 낮추다

{ 풀어 보기 }

1. 다음 중 (　　　)에 공통적으로 들어갈 수 있는 단어를 고르십시오.

・우리는 12시에 부산역에 (　　　　). ・그는 열다섯에 이미 키가 180cm에 (　　　　). ・영희는 선생님께 철수가 유리창을 깼다고 (　　　　).

① 이르다　　　② 도착하다
③ 말하다　　　④ 도달하다

2. 밑줄 친 부분과 바꾸어 쓸 수 있는 것을 고르십시오.

혈관의 긴장 상태가 계속되면 혈관에 무리가 생길 수 있다.

① 터지면　　　② 시작되면
③ 지속되면　　　④ 충분하면

3. 위 글의 내용과 일치하는 것을 고르십시오.

① 한국은 세계보건기구 나트륨 권장량을 잘 지킨다.
② 혈관 내에 수분이 증가하는 것은 나트륨과 관계가 없다.
③ 나트륨을 과도하게 섭취하는 것은 흡연하는 것보다 더 해롭다.
④ 생야채에 있는 나트륨이 일반 음식에 들어 있는 나트륨보다 좋다.

4. 위 글의 주제를 써 보십시오.

....

....

....

{ 쓰기 }

• 여러분 나라의 음식 중에서 소금이 많이 들어가는 음식에 대해 써 보십시오.

{ 말하기 }

• 여러분 나라에서 건강을 지키기 위해 먹는 음식에 대해 소개해 봅시다.

【속담 한마디 9】

아니 땐 굴뚝에 연기 날까?

{ 풀이 }

모든 일에는 그 원인이 있음을 나타내는 속담으로, 주로 어떤 소문이 났을 때에는 그럴 만한 이유가 있다는 뜻으로 쓰인다. 비슷한 속담으로 '뿌리 없는 나무에 꽃이 필까?'가 있다.

{ 활용 }

제인 : 너 들었니? 나영이랑 제임스랑 사귄대.
민수 : 정말? 제임스는 만나고 있는 사람이 있는 것 같던데?
제인 : 그래도 아니 땐 굴뚝에 연기 나겠어?
민수 : 그러면 우리 내일 제임스를 만나서 직접 물어보자.

{ 과제 } 여러분의 나라에서 쓰이는 비슷한 속담을 적어 보세요.

第10課 どのような仕事をしたいですか。

[学習目標]

1. 韓国の青年たちは就職するためにどのような準備をするか，調べてみる。
2. 新しくできた職業にはどのようなものがあるか探ってみる。

{ 생각해 봅시다 }

• 여러분은 앞으로 어떤 직장에 다니고 싶습니까? 그 직장에 취업하기 위해서 어떤 준비를 해야 할까요?

{ 본문 1 } 청년 실업과 취업난

요즘 한국의 경제 상황이 어려워지면서 직장을 구하는 것이 쉽지 않다고 한다. 특히 청년층의 실업률이 점점 증가하고 취업이 갈수록 힘들어지고 있다.

대학생의 경우, 예전에는 대학 생활의 낭만을 충분히 즐기다가 취업을 준비해도 큰 문제가 없었다. 그렇지만 최근에는 대학에 입학하면서 취업을 준비하는 학생들이 많아졌다. 따라서 대학에서는 취업에 유리한 학과나 전공에 학생들이 몰리고, 취업과 관련된 과목이나 프로그램들이 많이 생겨나게 되었다.

이러한 상황에서 대학생들은 기업에 취업하기 위해 여러 가지로 노력하고 있다. 이 가운데에서 토익(TOEIC) 등의 영어 관련 자격증을 준비하는 것이 가장 비중이 높다. 그리고 자신이 취업하고자 하는 분야와 관련된 자격증을 취득하거나 인턴십(internship) 제도에 참여하는 등 많은 노력을 하고 있다. 그 이유는 한국 기업에서 영어 능력과 실무 능력을 중요시하기 때문이다.

그리고 공무원이 되기 위해 시험을 준비하는 학생들의 비중도 크게 높아졌다. 그 이유는 응시 가능한 연령 제한이 없고, 오랫동안 안정적으로 일할 수 있다는 장점 때문이다.

지금은 취업난이 해소될 전망이 그리 밝지 못한 상황이다. 경제 상황이 어려워질 뿐만 아니라 일자리가 한정되어 있고 일을 하려는 사람은 점점 많아지기 때문이다. 하지만 앞으로 취업의 문이 활짝 열릴 그날이 오기를 기대해 본다.

{ 어휘 }

청년층, 실업률, 낭만, 토익(TOEIC), 인턴십(internship), 실무, 공무원, 비중, 응시, 연령, 제한, 취업난, 안정적, 활짝, 중요시하다, 한정되다

{ 풀어 보기 }

1. 다음 중 단어의 의미 관계가 나머지와 <u>다른</u> 하나를 고르십시오.

① 가능 — 불가능	② 소비 — 과소비
③ 능력 — 무능력	④ 취업 — 미취업

2. 아래의 ①~③의 밑줄 친 부분과 서로 의미가 통하는 단어를 <보기>에서 골라서 써 넣으십시오.

< **보기** > ㉠ 신설되다 ㉡ 많아지다 ㉢ 취업하다

① 졸업하고 <u>직장에 들어가다</u> ( )
② 프로그램이 <u>새롭게 생겨나다</u> ( )
③ 공무원 시험을 준비하는 학생의 <u>비중이 높아지다</u> ( )

3. 위 글의 내용과 일치하지 <u>않는</u> 것을 고르십시오.

① 경제 상황은 취업률에 영향을 미친다.
② 요즘 대학들은 학생들의 취업을 위해 노력을 하고 있다.
③ 기업에서는 실무와 관련된 자격증과 경험을 중요하게 생각한다.
④ 공무원 시험을 준비하는 학생들의 수는 변함없이 많다.

4. 한국 청년들이 기업에 취업하기 위해 어떤 노력을 하는지 위 글에서 찾아 쓰십시오.

....

....

{ 쓰기 }

• 여러분이 취업하고 싶은 기업에 대해 조사해서 써 봅시다.

그 기업의 이름은?	
그 기업은 무엇으로 유명합니까?	
그 기업에 취직하려면 어떤 준비가 필요합니까?	

{ 말하기 }

• 여러분 나라에서 가장 인기 있는 회사는 어떤 회사입니까? 그리고 그 이유를 친구들과 이야기해 봅시다.

{ 생각해 봅시다 }

• 여러분 나라에서 가장 인기 있는 직업은 무엇입니까? 그 이유는 무엇입니까?

{ 본문 2 } 다양한 직업의 세계

이 세상에는 수많은 직업이 있고, 새로운 직업이 계속 등장하고 있다. 한국 고용 정보원(www.keis.or.kr)에 따르면 최근에는 SNS, 환경, 문화 등의 분야와 관련된 직업이 인기를 끌고 있다고 한다.

SNS 시대가 되면서 '소셜 큐레이터(social curator)'라는 직업이 생겼다. 큐레이터는 원래 미술관이나 박물관에서 작품의 수집과 보존, 홍보를 위해 일을 하는 사람이다. SNS 이용자들은 수많은 정보 중 자신이 원하는 정보를 모으는데, 소셜 큐레이터는 그것을 다시 사람들이 편하고 쉽게 이용할 수 있도록 해 주는 일을 한다.

환경과 관련된 새로운 직업으로는 '에코(eco) 제품 디자이너'가 있다. 이들이 하는 일은 버려진 물건으로 새로운 제품을 만드는 것이다. 또한 친환경적인 제품을 디자인하기도 한다.

문화에 대한 관심이 높아지면서 '문화 PD'라는 직업도 나타났다. 이들은 한국 문화 콘텐츠(contents)를 영상으로 제작하여 전파하는 1인 문화 전달자로서, 지역의 문화, 역사, 관광, 예술, 축제 등을 소재로 홍보 영상을 만드는 일을 한다.

시대가 바뀌면서 예전에는 상상하지도 못했던 여러 종류의 직업이 탄생하였다. 지금 어떤 직업들이 인기가 있는지, 앞으로는 또 어떤 직업이 새로 생겨날지 생각해 보자. 이런 상황에서 우리에게 어떤 직업이 적성에 맞고 능력에 맞는지 고민해 볼 필요가 있다.

{ 어휘 }

고용, 정보원, 소셜 큐레이터, 수집, 보존, 홍보, 에코, 제품, PD, 콘텐츠, 전달자, 소재, 적성, 친환경적, 관련되다, 전파하다, 탄생하다

{ 풀어 보기 }

1. 위 글을 읽고 아래의 ①~③에 관련되는 직업을 <보기>에서 찾아서 쓰십시오.

< **보기** > ㉠ 소셜 큐레이터　㉡ 에코 제품 디자이너　㉢ 문화 PD

① 경복궁을 소재로 한 홍보 동영상을 만든다. ———[　　　　　　]
② 온라인 곳곳에 흩어져 있는 좋은 정보들을 쉽게 발견하고 쓸 수 있게 한다. ———[　　　　　　]
③ 낡은 양말로 인형을 만든다. ———[　　　　　　]

2. 다음 중 (　　　)에 들어갈 수 있는 단어끼리 연결된 것을 고르십시오.

・새로운 직업이 인기를 (　　　) 있다. ・소셜 큐레이터는 SNS 이용자가 다른 사람들을 위해 정보를 (　　　) 준다. ・문화 PD는 문화 콘텐츠를 영상으로 (　　　) 전파하는 1인 문화 전달자이다.

① 얻고 — 정해 — 전달하여
② 몰고 — 수집해 — 모아서
③ 수집하고 — 모아 — 바꾸어
④ 모으고 — 제공해 — 만들어

3. <보기>의 밑줄 친 부분과 같은 방법으로 만들어진 단어가 아닌 것을 고르십시오.

< **보기** > 이 세상에는 수많은 직업이 있다. : 수가 많다.

① 별이 아름답게 빛나는 밤이다.
② 이 때묻은 그릇을 깨끗이 닦아 놓아라.
③ 우리 나이에는 공부에 힘쓰는 것이 당연하다.
④ 사람들은 새해 아침에 해돋는 모습을 보러 정동진에 많이 간다.

4. 위 글의 내용과 일치하는 것을 고르십시오.

① 개인의 적성과 능력은 취업을 할 때 그리 중요하지 않다.
② 직업이 새로 생겨나는 것은 취업할 사람들이 많아지기 때문이다.
③ 에코 제품은 환경이 파괴되거나 오염되지 않을 수 있도록 만든 물건이다.
④ 소셜 큐레이터는 미술관이나 박물관에 있는 작품의 정보를 쉽게 해설해 준다.

{ 쓰기 }

• 여러분 나라에서 최근에 새로 생긴 직업을 조사하여 아래의 표에 써 보십시오.

· 직업의 이름	
· 하는 일	
· 그 직업에 필요한 조건	

{ 말하기 }

• 여러분은 어떤 일(직업)을 하고 싶습니까? 함께 이야기해 봅시다.

【속담 한마디 10】

새도 가지를 가려서 앉는다.

{ 풀이 }

이 속담은 친구를 사귀거나 직업을 선택할 때 잘 생각해서 판단해야 한다는 뜻을 나타낸다.

{ 활용 }

영수 : 요즘은 무역 회사에서 신입 사원을 거의 모집하지 않네요. 이젠 전공과 관계가 없는 데라도 빨리 취직을 해야 할 것 같아요.

왕영 : '새도 가지를 가려서 앉는다.'는 말이 있잖아요. 영수 씨가 정말 원하는 곳에 가는 게 좋지 않을까요?

영수 : 그래도 곧 졸업이라서 마음이 좀 급해지네요.

왕영 : 마음의 여유를 가지고 기다리다 보면 기회가 오겠죠.

{ 과제 } 여러분의 나라에서 쓰이는 비슷한 속담을 적어 보세요.

第11課 韓国社会はどのように変化しているでしょうか。

[学習目標]

1. 多文化社会について探ってみる。
2. 1人世帯について調べてみる。

{ 생각해 봅시다 }

• 여러분이 한국에 와서 느낀 문화적 차이에 대해 생각해 봅시다.

{ 본문 1 } 다문화 사회

한국 사회는 빠른 속도로 다문화 사회가 되어 가고 있다. 다문화 사회란 여러 민족의 문화가 공존하는 사회를 말한다. 국제결혼, 외국인 유학생, 외국인 근로자의 증가는 한국이 다문화 사회가 되는 데에 중요한 요인이 되었다.

산업화로 인구가 도시로 몰리고, 도시 처녀들은 농촌으로 시집을 가려 하지 않았기 때문에, 많은 농촌 남성들이 국제결혼을 선택하였다. 통계청에 따르면 2011년 외국인과의 혼인은 총 혼인(329,087건) 중 9.0%를 차지한다고 한다.

한국은 그동안 풍부한 노동력을 바탕으로 경제 성장을 이루어 왔다. 그러나 지금은 노동력 부족과 인구 고령화로 노동 인력을 해외에서 수입하는 국가가 되었다. 불법 체류자까지 포함하면 국내 외국인 근로자는 2007년에 이미 50만 명이 넘었다. 앞으로도 외국인 근로자 수는 점점 증가할 것으로 보인다. 또 한국의 경제적, 문화적 수준이 높아지면서 한국에 관심을 가지고 한국의 문화와 기술을 배우려는 유학생 수도 꾸준히 늘고 있다.

전통적으로 한국인은 혈통 중심의 단일 민족을 유지해 왔지만, 지금은 서로 다른 피부색과 문화를 가진 사람들과 어울려 살아가야 한다. 초등학교부터 다양한 문화에 대한 열린 생각을 가지게 하는 교육을 실시하고 있는데, 이는 시대에 맞게 생각을 전환하는 노력이 필요하기 때문이다.

정부에서는 다문화 센터를 각 지역마다 설치하여 운영하고 있다. 다문화 센터에서는 결혼 이민자들이 한국과 모국과의 문화적 차이를 극복하고 한국에서 정착할 수 있도록 한국어를 무료로 교육하는 등 다양하게 지원하고 있다. 정부에서 이러한 지원을 펼치는 것은 다문화 사회가 되기 위해서는 개인의 태도도 중요하지만 국가의 제도와 정책도 중요하기 때문이다.

{ 어휘 }

다문화, 요인, 산업화, 단일, 노동력, 인력, 혈통, 이민자, 공존하다, 실시하다, 전환하다, 설치하다, 운영하다, 극복하다, 펼치다

{ 풀어 보기 }

1. 밑줄 친 단어에 사용된 '-자'의 의미가 다른 것을 고르십시오.

① 경호원이 늘 그림자처럼 따라다닌다.
② 이 법은 국내 거주자에게만 해당한다.
③ 회사 측이 근로자들의 요구를 적극 수용하였다.
④ 다수자의 이익을 위해 소수자의 이익을 무시해서는 안 된다.

2. 밑줄 친 단어에 사용된 '-화'의 의미가 다른 것을 고르십시오.

① 나는 인물화를 가장 좋아한다.
② 수도권의 인구 집중이 가속화되었다.
③ 모든 자료를 정보화하는 작업을 했다.
④ 산업화에 따라 농촌을 떠나는 사람이 많아졌다.

3. 위 글의 내용과 일치하는 것을 고르십시오.

① 결혼 이주 여성은 농촌보다 도시에 더 많다.
② 외국인 유학생은 점점 증가하고 있지만 외국인 근로자 수는 점점 감소하고 있다.
③ 다문화 센터는 결혼 이민자들의 한국 정착을 도와주는 다양한 서비스를 제공한다.
④ 학교에서는 문화에 대한 전통적 생각을 계속 지켜갈 수 있도록 교육하고 있다.

4. 위 글에서 한국 사회가 다문화 사회로 변화하고 있는 이유를 찾아 써 보십시오.

{ 쓰기 }

- 여러분들이 좋아하는 한국 문화에 대하여 써 보세요. 또 여러분이 싫어하는 한국 문화에 대해서도 써 보세요.

(가) 이런 한국 문화, 정말 좋아요.

(나) 이런 한국 문화, 싫어요.

{ 말하기 }

- 여러분이 싫어하는 한국 문화에 대하여 왜 싫은지와 어떻게 바뀌기를 원하는지 말해 보세요.

(가) 왜 싫으냐고요? 이래서 싫어요.

(나) 이렇게 바뀌면 좋겠어요.

{ 생각해 봅시다 }

• 1인 가구의 증가 때문에 생긴 사회적 문제와, 가족의 의미에 대해 생각해 봅시다.

{ 본문 2 } 1인 가구의 증가

가족이 없거나, 있어도 혼자 사는 '나홀로족'이 증가하고 있다. 통계청에 따르면 지난 20년간 1인 가구의 비율은 1990년 9.0%에서 2010년 23.9%로 증가했다고 한다. 수치상으로 보면 4가구 중 1가구가 1인 가구인 셈이다. 도시에는 미혼 1인 가구 비율이 높은 반면, 농촌에는 노인 1인 가구 비율이 높다.

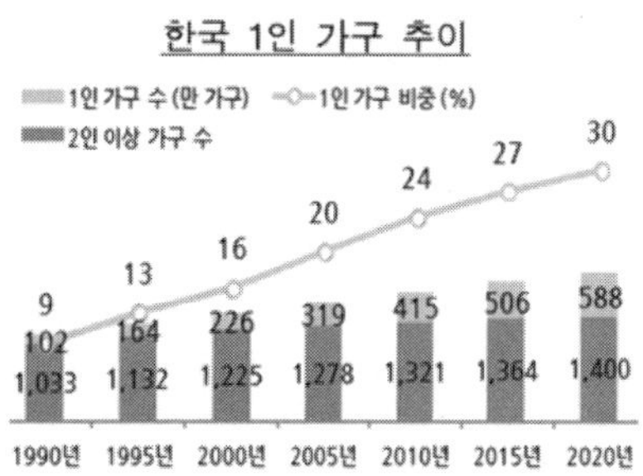

[2011년 통계청 조사 자료]

'나홀로족'이라고도 불리는 미혼 1인 가구의 증가는 한국 사회가 빠르게 개인화하고 있음을 보여 준다. 미혼 1인 가구의 증가는 출산율 저하로 이어지고, 출산율 저하는 한국 사회가 고령화되어 가고 있음을 의미한다. 가족과 가구는 동일한 개념이 아닌데, 나홀로 족을 포함한 젊은 세대는 대체로 가족과 가구를 동일시하는 경향을 보인다. 같이 살지도 않고 만날 기회도 별로 없는 조부모와는 가족이라는 정서적 유대감이 거의 없는 편이다. 심지어 부모와의 유대 관계도 그다지 깊지 않은 경우가 많다. 이들은 자유를 얻은 대신, 가족들과 관계가 멀어지면서 고독하게 사는 경우가 많다.

1인 가구를 이루고 있는 노인을 '독거노인'이라고도 하는데, 독거노인은 나홀로족과 달리 이들이 원해서 홀로 사는 경우는 드물다. 대부분 자식들이 새로운 일자리와 교육 시설을 찾아 도시로 이동하고 노인들은 농촌에 그대로 남게 되면서 생긴 현상이다.

현대인의 고독은 가족의 의미에 대해 다시 생각하게 한다. 세상일에 지칠 때 가장 큰 힘이 되는 것은 무엇보다 가족 간의 사랑과 격려이다.

{ 어휘 }

가구, 나홀로족, 통계청, 비율, 개인화, 출산율, 저하, 고령화, 동일시, 경향, 조부모, 정서적, 유대감, 심지어, 고독, 현상, 격려, 홀로, 드물다, 이동하다

{ 풀어 보기 }

1. 밑줄 친 단어에 사용된 '-족'의 의미가 다른 것을 고르십시오.

① 중국에는 여러 민족이 함께 살고 있다.
② 가족이라고 해서 항상 같이 살아야 하는 것은 아니다.
③ 몇 사람의 귀족이 자유를 독점한 시대가 있었다.
④ 나는 아이를 돌보는 일에서 만족을 얻는다.

2. 밑줄 친 단어에 사용된 '-감'의 의미가 다른 것을 고르십시오.

① 가족 간의 끈끈한 유대감이 부담스러울 때도 있다.
② 과장님은 책임감이 아주 강한 분이다.
③ 그 선수는 승리자로서의 우월감에 차 있었다.
④ 그는 능력 있고 잘생긴 최고의 신랑감이다.

3. 위 글의 내용과 일치하는 것을 고르십시오.

① 나홀로족이 늘어나면 출산율은 내려갈 것이다.
② 독거노인도 나홀로족과 마찬가지로 자발적으로 생긴 1인 가구이다.
③ 한국인은 대부분 '가족'과 '가구'를 같은 개념으로 생각한다.
④ 최근에는 1인 가구가 줄어드는 경향이 있다.

4. 1인 가구에 따른 문제점을 위 글에서 찾아 써 보십시오.

{ 쓰기 }

• 여러분이 부모님으로부터 독립하여 1인 가구를 이룬다면, 어떤 점이 편리하고 어떤 점이 불편할까요?

	편리한 점	불편한 점
1		
2		
3		

{ 말하기 }

• 1인 가구가 증가할 때 예상되는 사회적 문제는 어떤 것이 있을까요?

【속담 한마디 11】

살아가면 고향.

{ 풀이 }

어느 곳이든지 마음을 붙이고 오래 살다 보면, 고향처럼 정이 든다는 뜻으로 쓰이는 속담이다. 비슷한 속담으로는 '타향도 정들면 고향.'이 있다.

{ 활용 }

효민 : 디안 씨, 한국에 시집온 지 5년 넘었지요? 고향이 많이 그리울 거 같아요.

디안 : 엄마도 보고 싶고, 늘 가고 싶죠. 그렇지만 '살아가면 고향'이라고, 살다 보니 여기가 제 고향인 거 같아요. 제가 사랑하는 사람도 있고, 저를 사랑하고 아껴 주는 사람도 많고요.

효민 : 디안 씨는 한국 사람이 다 된 것 같아요.

{ 과제 } 여러분의 나라에서 쓰이는 비슷한 속담을 적어 보세요.

....

....

....

....

....

第12課 今日のニュースをお伝えしました。

[学習目標]

1. 交通事故に関するニュース報道文の内容を理解する。
2. フィッシング犯罪に関する新聞記事を読んで理解する。

{ 생각해 봅시다 }

• 최근에 뉴스나 신문 등에서 본 사건이나 사고에 대해 이야기해 봅시다.

{ 본문 1 } 안전 불감증이 부른 교통사고

앵　커: 요즘 스마트폰을 사용하면서 길을 걷는 사람이 많지요? 오늘 오전 스마트폰을 보면서 길을 걷던 한 청소년이 트럭에 치이는 사고가 발생했습니다. 스마트폰의 무분별한 사용이 빚은 참사입니다. 이 소식, 박기범 기자가 전하겠습니다.

기　자: 부산의 한 중학교 근처 등・하굣길입니다. 길 한가운데에 교통사고의 흔적이 선명합니다. 오늘 오전 8시 20분경 16살 박 모 군이 트럭에 치여 숨졌습니다. 박 군은 등굣길에 이 같은 사고를 당해 병원으로 옮겨졌으나 결국 목숨을 잃고 말았습니다. 이곳은 평소에 차도와 인도가 따로 구분이 안 되어 있는 길인 데다가 근처에 학교가 많아서 학생들이 많이 오고 갑니다. 경찰이 블랙박스 영상을 판독한 결과, 박 군이 스마트폰을 사용하느라 마주오던 차를 미처 보지 못한 것으로 확인되었습니다.

목격자: 앞에서 차가 오는데 안 피하더라고요. 학생이 휴대폰에 정신이 팔려서…….

기　자: 지난달에도 같은 장소에서 이어폰을 꽂은 채 길을 가던 학생이 차에 치여 사망한 일이 있었습니다. 길을 걸을 때 이어폰을 꽂고 음악을 듣거나 스마트폰을 보면 주의력이 분산되고 위험을 예측하는 능력이 떨어지기 마련입니다. 그래서 자칫하면 이와 같은 큰 사고로 이어질 수 있는 것입니다. 이러한 사고를 예방하기 위해서는 운전 중이나 보행 중에 이어폰과 스마트폰을 사용하는 것을 자제해야 합니다. 때와 장소를 가리지 않는 스마트폰 사용, 이제는 정부가 적극적인 대책을 세워야 할 때입니다. KBC 뉴스 박기범입니다.

{ 어휘 }

불감증, 참사, 흔적, 인도, 블랙박스(black box), 목격자, 주의력, 예측, 대책, 미처, 자칫하면, -경, 빚다, 숨지다, 선명하다, 판독하다, 팔리다, 사망하다, 자제하다

{ 풀어 보기 }

1. 다음의 (　　　)에 공통적으로 들어갈 수 있는 단어를 고르십시오.

> ・그 남자는 젊고 날씬한 여자에게 눈이 (　　　).
> ・언론에 얼굴이 (　　　) 시작하면서 그는 유명해졌다.
> ・요즘에는 물건이 잘 (　　　) 않아서 걱정이다.

① 집중되다　　② 알려지다
③ 팔리다　　④ 나가다

2. 뉴스 보도의 상황에서 (　　　)에 들어갈 말로 적절하지 않은 것을 고르십시오.

> **앵커** : 오늘 공장에서 발생한 화재 사건으로 이 모 씨가 (　　　).

① 돌아가셨습니다　　② 숨졌습니다
③ 사망하였습니다　　④ 목숨을 잃었습니다

3. 위 글의 내용과 일치하지 않는 것을 고르십시오.

① 오늘 오전 한 남학생이 학교에 가는 길에 교통사고를 당했다.
② 교통사고가 난 지점의 흔적을 통해 사고의 원인을 알아낼 수 있었다.
③ 지난달에도 부산에서 이어폰을 꽂은 채 길을 건던 학생이 교통사고로 숨졌다.
④ 보행 중에 스마트폰을 보면 위험을 예측하기 어려워져 사고로 이어질 수 있다.

4. 본문을 읽고 다음 사항을 쓰십시오.

	누가, 언제, 어디에서, 무엇을, 어떻게, 왜
사고 경위	
예방 방법	

{ 쓰기 }

• 여러분 나라에서 최근에 이슈(issue)가 된 뉴스를 찾아서 요약해 봅시다.

{ 말하기 }

• 교통사고를 목격한 적이 있습니까? 육하원칙에 따라 이야기해 봅시다.

{ 생각해 봅시다 }

• 남에게 속아서 피해를 입은 경험을 이야기해 봅시다.

{ 본문 2 } 신종 사기 수법, 파밍과 스미싱

피싱 범죄가 급증하고 있다. '피싱(phishing)'은 개인 정보(private data)와 낚시(fishing)의 합성어로, 타인의 개인 정보를 빼내어 금융 사기에 이용하는 사기 수법을 뜻한다. 초기의 피싱 범죄는 전화를 이용한 '보이스 피싱'의 형태로 나타났다. 그러나 최근에는 피싱 범죄가 빠르게 진화하고 있다. 가짜 홈페이지에 개인 정보를 입력하도록 유도하는 '파밍(pharming)'과, 휴대폰에 메시지를 보내 악성 코드를 설치한 후 소액 결제 피해를 입히는 '스미싱(smishing)' 등 사기 수법이 날로 교묘해지고 있다.

지난달 서울에 사는 김 모 씨(30)는 인터넷 뱅킹을 하려고 평소에 이용하던 은행 사이트에 들어갔다. 그러나 김 씨가 접속한 홈페이지는 피싱 사이트였다. 이와 같은 사실을 알지 못한 김 씨는 보안 등급을 강화하라는 홈페이지의 공지에 따라 계좌 번호, 비밀번호, 보안 카드에 있는 코드표의 숫자를 입력했다. 보안 강화 작업과 인터넷 뱅킹을 끝내자 모든 작업이 정상적으로 처리됐다는 팝업창이 떴다. 며칠 후 김 씨는 자신도 모르는 사이에 통장의 잔고가 바닥났다는 것을 알았다.

지난주에는 부산에 사는 이 모 씨(25)가 문자 메시지 한 통을 받았다. 그 문자에는 무료 쿠폰을 받아 가라는 내용과 함께 어떤 사이트의 주소가 함께 링크되어 있었다. 이 씨는 아무 의심도 하지 않은 채 링크된 주소를 클릭했다. 다음 달 이 씨는 휴대폰 소액 결제로 돈이 빠져나간 사실을 확인했다.

'눈을 떠도 코 베어 간다.'는 말이 있다. '뻔한 속임수에 바보같이 왜 속는 거지?'라고 생각하면서 자신도 모르게 피해를 입는 것이 바로 피싱 범죄이다. 이러한 피해를 방지하기 위해서, 금융감독원에서는 국민들에게 각종 피싱 사기를 당하지 않게 주의해 줄 것을 당부했다.

{ 어휘 }

신종, 사기, 범죄, 수법, 악성 코드, 소액, 결제, 보안, 공지, 입력, 팝업창, 잔고, 속임수, 링크(link), 진화하다, 교묘하다, 바닥나다, 뻔하다, 당부하다

{ 풀어 보기 }

1. 다음의 (　　　)에 공통적으로 들어갈 수 있는 단어를 고르십시오.

・국민들은 수해를 (　　　　) 지역의 복구를 위해 성금을 걷었다. ・그는 폭행 사건에 휘말려 전치 4주의 상처를 (　　　　). ・우리는 자연의 혜택을 (　　　　) 살아가고 있다.

① 받다　　② 입다　　③ 겪다　　④ 당하다

2. <보기>의 밑줄 친 부분과 같은 뜻으로 쓰인 문장을 고르십시오.

<**보기**> 왕의 사치로 국가 재정이 바닥을 보이고 말았다.

① 운동화를 오래 신었더니 바닥에 구멍이 났다.
② 부엌 바닥에 신문지를 깔고 콩나물을 다듬었다.
③ 그 마라톤 선수의 체력이 바닥이 나서 결국 쓰러졌다.
④ 우리는 교실 청소를 하면서 바닥에 붙은 껌을 모두 떼어 냈다.

3. 위 글의 내용과 다른 것을 고르십시오.

① 보이스 피싱은 전화를 이용한 금융 사기 범죄이다.
② 피싱 범죄의 신종 사기 수법으로 파밍과 스미싱이 등장하였다.
③ 휴대폰에 스미싱 문자 메시지를 받으면 소액 결제 피해를 당하게 된다.
④ 피싱 사기는 자신도 모르는 사이에 피해를 입으므로 특별히 주의해야 한다.

4. 위 글을 읽고 아래에 들어갈 내용을 찾아 쓰십시오.

	수법
보이스 피싱	
파밍	
스미싱	

{ 쓰기 }

• 신문이나 인터넷 등에서 피싱 범죄의 사례를 찾아 그 내용을 요약해 봅시다.

{ 말하기 }

• 개인 정보 유출을 막기 위한 방법에는 어떤 것이 있을까요?

【속담 한마디 12】

돌다리도 두들겨 보고 건너라.

{ 풀이 }

잘 아는 일이라도 주의를 하라는 뜻으로 쓰이는 속담이다. 비슷한 속담으로는 '아는 길도 물어 가랬다.'가 있다.

{ 활용 }

민정 : 이 길로 가는 게 맞을까?
요코 : 지도를 봐서는 여기서 오른쪽으로 가야 할 것 같은데?
민정 : 돌다리도 두들겨 보고 건너랬다고, 저 아주머니께 여쭤 보고 가는 게 어때?
요코 : 좋아. 그렇게 하자.

{ 과제 } 여러분의 나라에서 쓰이는 비슷한 속담을 적어 보세요.

....

....

....

....

....

第13課 メディアにはどのような特徴があるでしょうか。

[学習目標]

1. 韓国のメディアについて調べてみる。
2. メディアの特徴について探ってみる。

{ 생각해 봅시다 }

• 여러분은 신문이나 인터넷 등을 통해서 주로 어떤 기사를 봅니까?

{ 본문 1 } 인쇄 매체의 종류와 특성

언론 매체는 언론 활동을 위해 이용하는 여러 가지 도구나 방법 등을 뜻한다. 이러한 언론 매체에는 매체의 종류에 따라서 신문이나 잡지 등과 같은 인쇄 매체와, TV나 라디오 등과 같은 전파 매체 및 인터넷 등과 같은 멀티미디어 매체 등이 있다.

인쇄 매체에서 가장 대표적인 것은 신문과 잡지라고 할 수 있다. 신문은 사회에서 발생한 사건에 대한 사실이나 해설을 널리 신속하게 전달하기 위한 정기 간행물이다. 즉 신문은 일반적으로 매일 발행되어 정치, 경제, 사회, 문화, 스포츠, 연예, 사건・사고 등 우리 사회에서 일어나는 크고 작은 일을 많은 사람들에게 알려 준다. 그리고 신문은 돈을 주고 사는지, 언제 발간되는지, 어느 지역에서 발간되는지에 따라서 유료 신문과 무료 신문, 조간신문과 석간신문, 중앙지와 지방지 등으로 나눌 수 있다.

잡지는 여러 가지 내용의 글을 모아서 특정한 이름으로 일정한 간격을 두고 정기적으로 발행되는 간행물이다. 발행 주기에 따라 주간지, 월간지 등으로 구분된다. 그리고 그 내용에 따라 경제와 관련된 내용, 취미와 관련된 내용, 과학이나 의학 등 전문적인 내용, 여성 관련 내용을 담은 것 등이 있다.

이러한 인쇄 매체는 단일 방향적 특성이 있다. 즉 사람들은 매체를 통해서만 정보를 접할 수 있을 뿐, 자신이 정보를 제공하거나 자신의 의견을 직접적으로 표현하지는 못한다는 것이다.

그러나 요즘은 인쇄 매체를 통해 기사를 보는 경우보다 컴퓨터나 스마트폰으로 새로운 기사를 접하는 경우가 대부분이다. 그리고 네티즌들은 그 기사에 대해 댓글로써 공감이나 반대의 의견을 표현할 수 있게 되었다.

{ 어휘 }

언론, 매체, 인쇄, 전파, 해설, 정기 간행물, 조간, 석간, 주기, 주간지, 월간지, 기사, 댓글, 대표적, 뜻하다, 신속하다, 발행되다, 발간되다

{ 풀어 보기 }

1. 아래 문장의 ( )에 들어갈 단어로 알맞은 것끼리 연결된 것을 고르십시오.

> · 이번에 우리 학교에서 한국어 교재를 새롭게 (㉠).
> · 작년에 (㉡) 책에는 잘못된 부분이 많았다.
> · 어제 신분증을 잃어버려서 새로 (㉢).

	㉠	㉡	㉢
①	발간하다	펴내다	발급하다
②	발행하다	발급하다	펴내다
③	펴내다	발행하다	발간하다
④	펴내다	발간하다	발행하다

2. 다음 중 단어의 의미 관계가 <u>다른</u> 하나를 고르십시오.

① 알다 — 알리다　　② 나누다 — 나뉘다
③ 모으다 — 모이다　　④ 담다 — 담기다

3. 위 글의 내용과 일치하는 것을 고르십시오.

① 신문과 잡지는 부정기적으로 발행된다.
② 잡지보다 신문이 더 전문적인 내용을 다룬다.
③ 신문과 잡지는 여러 가지 정보를 사람들에게 제공해 준다.
④ 신문과 잡지를 통해 독자들은 자신의 의견을 표현할 수 있다.

{ 쓰기 }

• 다음의 사항을 넣어서 여러분 나라에서 유명한 신문이나 잡지를 소개하는 글을 써 봅시다.

· 유명한 신문이나 잡지 이름　· 유명한 이유　· 주로 다루는 내용

{ 말하기 }

• 최근에 신문이나 잡지에서 본 내용을 이야기해 봅시다.

· 어떤 분야의 내용입니까? · 제목은 무엇입니까? · 누구/무엇에 대한 내용입니까? · 그 내용에 대한 여러분의 생각을 이야기해 봅시다.

{ 생각해 봅시다 }

• 여러분은 인터넷 토론방이나 인터넷 사이트 등에 자신의 의견을 써 본 적이 있습니까?

{ 본문 2 } 멀티미디어 매체의 양방향적 특성

인터넷 환경이 발달하면서 누구나 정보를 제공하고 전달할 수 있게 되었다. 인터넷 포털 사이트 등을 통해 어떤 주제에 대한 자신의 생각과 주장을 펼칠 수 있다. 메신저나 토론 방 등이 그 대표적인 것으로, 여러 가지 정보나 다른 사람의 의견에 대해 직접적으로 자신의 의견을 제시할 수 있다.

SNS나 페이스북, 트위터를 통해 여러 가지 논란거리에 대한 자신의 생각과 의견을 실시간으로 제시하여 다른 사람들과 토론을 벌일 수 있게도 되었다. 또한 유튜브와 같은 무료 동영상 공유 사이트들이 등장하면서, 정보의 생산과 공유에 참여할 수 있다.

그리고 개인이나 단체가 인터넷을 통해 직접 제작하고 진행하는 방송을 내보낼 수 있게 되었다. 예를 들면 '아프리카 TV, 인라이브, 판도라 TV' 등의 인터넷 TV 방송과, '나들목 향기, 로카 인 라디오, 혜화동 9시반' 등의 인터넷 라디오 방송이 있다.

최근에는 스마트폰과 같은 모바일 기기가 널리 보급되었다. 이에 따라 개인이나 기업들이 모바일 기기에서 이용할 수 있는 유용하고 재미있는 앱을 앞다투어 개발하고 있다.

이것은 모두 컴퓨터와 인터넷의 발달, 그리고 그에 따른 여러 가지 활용도구의 발달에 힘입은 것이다. 이러한 매체를 통해 사람들은 시간과 공간의 제약을 받지 않고 직접 정보를 생산하고 공유함으로써 여론을 형성할 수 있게 되었다. 즉 매체가 발달함에 따라서 대중이 양방향으로 의사소통을 할 수 있음을 의미한다.

{ 어휘 }

제공, 주장, 메신저, 토론방, 논란거리, 동영상, 공유, 제약, 여론, 대중, 제시하다, 벌이다, 참여하다, 제작하다, 진행하다, 유용하다, 앞다투다, 힘입다

{ 풀어 보기 }

1. (　　　)에 들어갈 수 있는 단어가 바르게 연결된 것을 고르십시오.

• 영이는 양팔을 옆으로 (㉠). • 우리는 친구 집에서 파티를 (㉡). • 나는 피곤해서 입을 크게 (㉢) 하품을 했다.

	㉠	㉡	㉢
①	벌리다	벌이다	벌이다
②	벌이다	벌리다	벌리다
③	벌리다	벌이다	벌리다
④	벌이다	벌리다	벌이다

2. 다음 중 밑줄 친 단어의 의미가 나머지와 가장 거리가 먼 하나를 고르십시오.

① 수업을 시작할 테니까 책을 <u>펼치세요</u>.
② 큰 새가 날개를 <u>펼치고</u> 하늘로 날아올랐다.
③ 그 배우는 부채를 <u>펼쳐</u> 들고 춤을 추기 시작했다.
④ 누구나 자신의 꿈을 <u>펼치기</u> 위해서는 노력을 해야 한다.

3. 위 글의 내용과 일치하지 <u>않는</u> 것을 고르십시오.

① 인터넷 공간에서는 다른 사람들과 실시간으로 토론을 할 수 있다.
② 인터넷을 통해 자신이 만든 방송을 다른 사람들에게 제공할 수 있다.
③ 모바일 기기가 발달하면서 재미있는 게임과 관련된 앱이 더 많이 개발된다.
④ 인터넷 환경의 발달로 대중들이 정보를 제공하고 공유하는 주체가 되고 있다.

{ 쓰기 }

• 위 글의 내용에 나타난 멀티미디어 매체의 특징을 요약해 보십시오.

{ 말하기 }

• 매체의 양방향적 특성 때문에 나타날 수 있는 좋은 점과 나쁜 점에 대해 이야기 해 봅시다.

{ 참고 } 인터넷 방송

방송 방식	방송 사이트
텔레비전	· 아프리카 TV(www.afreeca.com) · 인라이브(www.inlive.co.kr) · 판도라 TV(www.pandora.tv)
라디오	· 나들목 향기(nadulmok.saycast.com) · 로카 인 라디오(rocarlo.tistory.com) · 혜화동 9시반(www.hyehwa930.com)

【속담 한마디 13】

쌀은 쏟고 주워도 말은 하고 못 줍는다.

{ 풀이 }

이 속담은 말을 할 때에 남에게 피해를 주지 않도록 깊이 생각하고 말을 해야 한다는 뜻을 나타낸다. 비슷한 속담으로는 '살은 쏘고 주워도, 말은 하고 다시 못 줍는다.'가 있다.

{ 활용 }

스미스 : 요즘 인터넷에는 확인도 하지 않고 남을 비난하는 이야기가 많은 것 같아요.

유스케 : 맞아요. 그런 이야기 때문에 마음에 상처를 입는 사람도 많을 거예요.

스미스 : '쌀은 쏟고 주워도 말은 하고 못 줍는다.'고 하듯이, 말을 할 때에는 조심해야 하는데…….

유스케 : 그럼요. 내가 한 말이 남에게 상처가 되면 안 되죠.

{ 과제 } 여러분의 나라에서 쓰이는 비슷한 속담을 적어 보세요.

第14課 韓国の政治

[学習目標]

1. 韓国の選挙制度について調べてみる。
2. 韓国のろうそく集会について理解する。

{ 생각해 봅시다 }

• 여러분 나라에서는 정치 지도자를 어떻게 뽑습니까?

{ 본문 1 } 한국의 선거 제도

한국에서 정치인을 뽑는 선거로는 대통령 선거, 국회의원 선거, 지방 선거가 있다. 만 19세 이상의 대한민국 국민이면 누구나 선거권이 있다.

대통령을 선출하는 방식은 국민이 직접 대통령을 뽑는 직선제를 채택하고 있으며, 대통령의 임기는 5년이고 중임할 수 없다. 2012년 12월 19일에 제18대 대통령을 뽑기 위해 국민들이 투표를 했다. 새누리당 박근혜 대통령 후보자가 51.6%의 득표율을 보였고, 민주통합당 문재인 대통령 후보자는 48.0%의 득표율을 보였다. 이로써 박근혜 후보자가 제18대 대한민국 대통령으로 선출되었다.

국회의원 선거는 4년 단위로 하고 투표자는 지역구, 정당에 각각 1표씩 총 2표를 행사할 수 있다. 2012년에 제19대 국회의원 선거가 있었는데, 그 결과는 새누리당 152석, 민주통합당 127석, 통합진보당 13석, 자유선진당 5석, 무소속이 3석을 차지했다.

대한민국의 지방선거는 지방자치 단체장과 지방의회 의원 선거로 나눌 수 있다. 지방선거에서는 자신이 살고 있는 지역의 대표자인 시장, 시의원 등을 직접 선출한다. 2010년에 실시한 제5회 지방선거에 이어, 2014년 6월 4일에는 제6회 선거를 치렀다.

선거는 민주주의의 꽃이라는 말이 있다. 국민은 선거를 통해서 주권을 행사함으로써 민주주의를 실현하고, 그 결과로 정권에 정통성을 부여한다. 이러한 점에서 선거권은 민주주의 국가의 국민이 행사할 수 있는 소중한 권리이다.

{ 어휘 }

선거권, 직선제, 임기, 중임, 투표, 후보자, 득표율, 지역구, 정당, 무소속, 단체장, 주권, 정권, 정통성, 채택하다, 선출하다, 치르다, 행사하다, 부여하다

{ 풀어 보기 }

1. 다음 중 (　　　)에 공통적으로 들어갈 수 있는 단어를 고르십시오.

・나는 옷값을 (　　　) 가게에서 나왔다. ・우리는 국제 행사를 (　　　) 경험이 있다. ・오늘의 승리는 선수들이 희생을 (　　　) 얻은 것이다.

① 주다　　② 열다
③ 통하다　　④ 치르다

2. 다음 중 단어의 의미 관계가 나머지와 다른 하나를 고르십시오.

① 주다 — 부여하다　　② 뽑다 — 선출하다
③ 비판하다 — 평가하다　　④ 선택하다 — 채택하다

3. 위 글의 내용과 일치하는 것을 고르십시오.

① 대한민국은 대통령을 간접 선거로 뽑는다.
② 국회의원을 선출하는 선거는 5년마다 있다.
③ 한 사람이 대통령직을 두 번까지 할 수 있다.
④ 지방의회 의원을 뽑는 선거는 4년에 한 번 있다.

4. 위 글에서 선거를 '민주주의의 꽃'이라고 하는 이유를 찾아 써 보십시오.

{ 쓰기 }

• 여러분 나라에서 지방자치 단체장의 선출과 관련하여, 아래 물음에 답하십시오.

· 지역 주민들이 직접 선출합니까?

· 몇 살부터 투표를 할 수 있습니까?

· 몇 년에 한 번씩 뽑습니까?

· 지방자치 단체장이 하는 일은 무엇입니까?

{ 말하기 }

• 여러분 나라의 선거 제도에 대해 소개해 보십시오.

{ 생각해 봅시다 }

• 시민들이 집단적으로 의사를 표현할 때 어떠한 방법으로 하는지 생각해 봅시다.

{ 본문 2 } 촛불 집회

한국의 민주화를 이루는 데는 독재 정권에 저항하는 수많은 민중들의 노력이 있었다. 특히 1960~80년대의 군사 정권 시기에는 그 저항 방법이 과격한 경향이 있었는데, 그 당시는 그럴 수밖에 없을 정도로 혼란스러운 상황이었다.

과거와 달리, 정부가 민주적인 절차를 통해 정통성을 부여받은 후부터는 국민들이 정권에 저항하는 방식이 변화하기 시작했다. 정치적 중요성에 따라 가능하면 평화적이고 비폭력적인 방법을 사용하게 된 것이다.

최근 한국 국민들이 의사를 표현하는 대표적인 방법으로 촛불 집회가 있다. 이 집회는 2002년 6월 여중생이 미군 장갑차에 치여 죽었을 때, 주한 미군과 한국 정부에 항의하기 위해 열렸다. 그리고 2008년 5월에는 10대 여학생들이 미국산 쇠고기의 수입을 반대하는 '촛불 문화제'를 연 이후 전국으로 확산되었다. 이 집회는 평화적으로 진행되었고, 대학생뿐 아니라 회사원, 유모차를 끌고 온 주부 등 많은 사람들이 참여했다.

현행 '집회 및 시위에 관한 법률'에서는 해가 진 이후에는 옥외 집회나 시위를 금지하고 있지만, 촛불 집회는 하나의 문화적인 행사로 인정되기 때문에 허용되고 있다.

촛불은 자신을 태워 주변을 밝히지만 작은 바람에도 흔들리거나 꺼지기 쉽다. 하지만 여러 명이 모이면 그 불은 쉽게 꺼지지 않는다. 앞으로도 더 나은 세상을 꿈꾸는 사람들이 촛불을 들고 기원할 것이다.

{ 어휘 }

독재, 민중, 절차, 집회, 장갑차, 현행, 시위, 옥외, 평화적, 비폭력적, 저항하다, 과격하다, 혼란스럽다, 부여받다, 항의하다, 확산되다, 허용되다, 기원하다

{ 풀어 보기 }

1. 다음 중 (　　　)에 공통적으로 들어갈 수 없는 단어를 고르십시오.

・공사가 예정대로 (　　　) 있다. ・회의가 몇 시간에 걸쳐서 (　　　). ・그는 아내의 수술이 (　　　) 동안 밖에서 기도를 했다.

① 계속되다　② 진행되다
③ 실시되다　④ 시작되다

2. 위 글의 '촛불'이 나타내는 상징적인 의미로 적절하지 않은 것을 고르십시오.

① 기원　② 저항
③ 정권　④ 평화

3. 위 글의 내용과 일치하는 것을 고르십시오.

① 현 정권은 정통성을 부여받지 못했다.
② 한국 국민은 독재 정권에 대해 침묵했다.
③ 누구나 촛불 집회에 자발적으로 참가할 수 있다.
④ 촛불 집회는 군사 정권에 저항하기 위해 시작되었다.

{ 쓰기 }

• 여러분 나라에서는 집단의 의사 표현을 어떻게 하는지 써 봅시다.

{ 말하기 }

- 여러분 나라에서 일어난 평화적인 시위에 대해 이야기해 봅시다.

【속담 한마디 14】

민심은 천심.

{ 풀이 }

이 속담은 백성의 마음이 곧 하늘의 마음과 같다는 뜻으로, 백성의 뜻을 무시할 수 없음을 나타낸다. 비슷한 속담으로 '백성 입 막기는 내 입 막기보다 힘들다.'가 있다.

{ 활용 }

철수 : 이번 학기에 등록금이 많이 올랐대.
매튜 : 뭐? 또 올랐어?
철수 : '민심이 천심'이라는 말도 있잖아. 이젠 정말 촛불 집회라도 해야 하는 거 아냐?
매튜 : 그러게 말이야.

{ 과제 } 여러분의 나라에서 쓰이는 비슷한 속담을 적어 보세요.

....

....

....

....

第15課 韓国人の信仰生活

［ 学習目標 ］

1. 韓国の多様な宗教について調べてみる。
2. 韓国人の占い信仰について理解する。

{ 생각해 봅시다 }

• 여러분은 어떤 종교를 믿어요? 여러분 나라에는 어떤 종교를 믿는 사람이 많습니까?

{ 본문 1 } 한국의 다양한 종교

통계청에서 실시한 최근 조사에 따르면, 현재 한국인의 약 54%가 종교를 믿는다고 한다. 신자 수의 비율로 한국의 3대 종교를 꼽는다면, '불교, 개신교, 천주교'의 순서이다. 이들은 모두 다른 나라와 교류가 활발해지면서 들어온 외래 종교이다.

불교는 삼국 시대에 중국을 통해 전파되었고, 깨달음을 얻거나 자비를 실천하는 것을 교리로 삼는다. 신자의 비율은 전체 종교 신자 중 47%를 차지한다. 또한 무교인 사람들이 제일 호감을 느끼는 종교가 불교라고 한다. 종교적인 문화유산 중에서는 불교와 관련된 것이 가장 많을뿐더러 흔히 접할 수 있으므로, 한국인들에게는 전통적인 종교라 할 수 있다.

현재 신자의 비율이 36.8%인 개신교는 1885년에 인천에서부터 선교가 시작되었다. 여러 교파가 있지만 이웃을 사랑하라는 가르침은 공통적이다. 다른 종교에 비하여 개신교는 특히 30대 이하인 젊은 층의 구성비가 72%로 매우 높다.

한편 천주교는 개신교보다 100년 정도 일찍 전파되었지만, 갖은 박해를 받아 오다가 19세기 말 개화기 때 비로소 종교로 인정을 받게 되었다. 천주교는 한국의 근현대사에서 사회 문제 등에 적극적으로 참여해 왔다. 통계에 나타난 신자의 비율은 전체 종교 신자의 13.7%를 차지한다.

이처럼 한국에는 종교가 다양해서 종종 갈등이 생기기도 한다. 따라서 2013년 6월, '다른 것도 아름답다'는 주제로 제3회 '전국 종교인 화합 대회'가 대전에서 열렸다. 비록 종교는 다를지언정 추구하는 궁극적인 목적은 그다지 다르지 않다. 타 종교를 인정하고 각 종교의 가르침을 실천해 갈 때 진정한 화합을 이룰 수 있을 것이다.

{ 어휘 }

불교, 개신교, 천주교, 신자, 자비, 교리, 무교, 개화기, 교파, 구성비, 박해, 인정, 갈등, 화합, 갖은, 궁극적, 비로소, 꼽다, 전파되다, 삼다, 차지하다, 추구하다

{ 풀어 보기 }

1. 단어의 의미 관계가 나머지와 다른 것을 고르십시오.

① (사람을) 믿다 — 의심하다　　② (사실을) 인정하다 — 부인하다
③ (며느리로) 삼다 — 정하다　　④ (불교와) 관련되다 — 무관하다

2. 밑줄 친 부분과 바꾸어 쓸 수 있는 것을 고르십시오.

천주교는 개화기 때 비로소 종교로 인정을 받게 되었다.

① 서서히　　② 마침내
③ 슬며시　　④ 우연히

3. 다음 (　　　)에 들어갈 알맞은 단어를 고르십시오.

나는 많은 사람들과 (　　　) 각자의 개성을 발견할 수 있었다.

① 붙으면서　　② 연이어서
③ 접하면서　　④ 닿으면서

4. 위 글의 내용과 일치하는 것을 고르십시오.

① 불교는 한국의 고유한 신앙이다.
② 한국에서 가장 먼저 받아들인 종교는 천주교이다.
③ 개신교는 젊은 층이 신자 수에서 높은 비율을 차지한다.
④ 한국인이 종교를 믿는 비율은 전체 인구의 절반을 밑돈다.

{ 쓰기 }

• 여러분 나라의 주요 종교에 대해 써 봅시다.

• 종교 이름	
• 믿음의 대상	
• 특별한 날	
• 지켜야 할 일	
• 하지 말아야 할 일	
• 기타	

{ 말하기 }

• 여러분이 믿는 종교를 친구들에게 소개해 보세요.

{ 생각해 봅시다 }

• 여러분은 미래에 대해서 궁금하거나 걱정이 될 때 어떻게 합니까?

{ 본문 2 } 한국의 점복 신앙

한국 사람들은 결혼을 하거나 이사를 하기 전에 좋은 날을 택하기 위해 점을 보는 경우가 많다. 점이란 앞날의 길흉화복을 미리 판단하여, 화를 물리치고 복을 부르려는 목적으로 보는 것을 말한다.

사람들이 주로 보는 점에는 사주, 궁합, 관상, 수상 등이 있다. 사주는 태어난 연월일시에 근거하여 사람의 운명을 알아보는 것이다. 결혼하기 전에 사주를 보아서 부부 사이가 좋을지 나쁠지를 미리 알아보는 것이 궁합이다. 그리고 관상은 사람의 생김새나 얼굴 모습을 보고 그의 운명, 성격, 수명 등을 판단하는 것이다. 수상은 손금이나 손의 모양을 통해 그 사람의 운수와 길흉을 알아보는 것이다.

한편 이사를 할 때는 '손 없는 날'을 선택하여 이사를 하려는 사람이 많다. 다른 곳으로 이사를 한 후에 혹시나 미래에 생길지도 모르는 불행을 미리 막고 싶어 하기 때문이다. 또 중요한 시험을 치기 전에는 이번에 합격할 수 있을지 물어보기도 한다. 그리고 연초에는 그 해의 운세가 어떨지 알아보기도 한다. 이처럼 점을 보는 것은 모두 미래에 대한 불확실성이나 불안감 때문이다.

이러한 세태를 반영하듯, 시간이 가면 갈수록 점집이 늘어나는 추세이다. 사람들이 흔히 점을 볼 수 있는 곳으로는 간판을 내걸고 영업하는 점집, 길거리 천막 점집, 인터넷 사이트, 전화 서비스, 사주 카페 등이 있다. 요즘은 젊은이들이 재미 삼아서 타로 카드로 타로 점을 보기도 한다. 또한 대부분의 신문에는 '오늘의 운세'란을 두어 하루의 운세를 미리 알려 주기도 한다.

미래는 불확실하다. 그렇더라도 점에 의지하기보다는 우리의 운명은 우리 스스로 개척해 나가야 하지 않을까?

{ 어휘 }

점, 길흉화복, 사주, 궁합, 관상, 수상, 생김새, 운명, 수명, 운수, 손, 연초, 운세, 불확실성, 불안감, 세태, 추세, 천막, 타로(tarot), 택하다, 물리치다, 근거하다, 반영하다, 개척하다

{ 풀어 보기 }

1. 단어의 의미 관계가 나머지와 다른 것을 고르십시오.

① 불안 — 불만　　② 의지 — 의존
③ 추세 — 경향　　④ 수명 — 목숨

2. 밑줄 친 부분과 바꾸어 쓸 수 있는 것을 고르십시오.

대다수의 신문이나 잡지 등에는 '오늘의 운세'란을 두어 하루의 운세를 미리 알려 주기도 한다.

① 예산해　　② 예정해
③ 예비해　　④ 예측해

3. 위 글의 내용과 일치하는 것을 고르십시오.

① 이사하기 좋은 날은 '손 있는 날'이다.
② 결혼 날짜를 받기 위해서는 궁합을 본다.
③ '오늘의 운세'는 그 날의 운세를 미리 알려 주는 난이다.
④ 손금을 보고 그 사람의 운명을 판단하는 것을 관상이라 한다.

4. 한국인들이 점을 보는 이유를 위 글에서 찾아 쓰십시오.

....

....

....

{ 쓰기 }

• 여러분 나라의 점복 신앙에 대해서 써 봅시다.

명칭	방법과 특징

{ 말하기 }

• 지금 여러분이 점을 본다면 무엇에 대해 알고 싶습니까? 이야기해 봅시다.

【속담 한마디 15】

지성이면 감천이다.

{ 풀이 }

정성이 지극하면 하늘도 감동하게 된다는 뜻으로, 무슨 일이든지 정성을 다하면 아주 어려운 일도 쉽게 풀려 좋은 결과를 얻는다는 의미의 속담이다. 비슷한 속담으로는 '정성이 지극하면 돌 위에도 풀이 난다.'가 있다.

{ 활용 }

수잔나 : 상미 씨가 몇 년 동안 아버지 병간호를 했었다면서요?
이정윤 : 네, 결혼도 미루면서 정성을 다했대요. 지성이면 감천이라고 지금은 완쾌되셨대요.
수잔나 : 정말 다행이네요. 상미 씨는 대단한 일을 했군요.

{ 과제 } 여러분의 나라에서 쓰이는 비슷한 속담을 적어 보세요.

....

....

....

....

....

【풀어 보기 정답 표1】

단원	본문	1	2	3	4
제1과	본문 1	④	②	③	
	본문 2	②	③	①-ㄴ ②-ㄷ ③-ㄱ	④
제2과	본문 1	②	③	④	
	본문 2	③	④		
제3과	본문 1	①	④	③	
	본문 2	④	③	④	
제4과	본문 1	④	③	④	
	본문 2	③	②	②	
제5과	본문 1	①	②	③	
	본문 2	③	②	③	
제6과	본문 1	①	④	③	
	본문 2	②	③	②	③
제7과	본문 1	④	①	③	
	본문 2	④	①	④	
제8과	본문 1	①	①	④	
	본문 2	③	④	①	
제9과	본문 1	③	②	④	
	본문 2	①	③	③	

【풀어 보기 정답 표 2】

단원	본문	1	2	3	4
제10과	본문 1	②	①-㉢ ②-㉠ ③-㉡	④	
	본문 2	①-㉢ ②-㉠ ③-㉡	④	③	③
제11과	본문 1	①	①	③	
	본문 2	④	④	①	
제12과	본문 1	③	②	②	
	본문 2	②	③	③	
제13과	본문 1	①	①	③	
	본문 2	③	④	③	
제14과	본문 1	④	③	④	
	본문 2	④	③	③	
제15과	본문 1	③	②	③	③
	본문 2	①	④	③	

[付録] 単元総合問題と日本語訳

付録 1. 単元総合問題

付録 2. 日本語訳

付録 3. 韓日語彙対照

[부록1]

단원 종합 문제 1

(제1과~제5과)

1. 아래의 내용과 가장 관련이 깊은 표현을 고르십시오.

지구는 지금 심한 몸살을 앓고 있다. 그 이유는 지구가 점점 뜨거워지고 있기 때문인데, 이것을 지구 온난화라고 한다.

① 매연에 푸른 하늘 운다.
② 사랑한단 말보다는 금연으로 보여 줘요.
③ 열 사람이 줍기보다 한 사람이 안 버리자.
④ 공든 탑이 무너진다. 작은 불씨 다시 보자.

※ [2~3] 다음의 물음에 답하십시오.

2. 밑줄 친 부분과 의미가 비슷한 것을 고르십시오.

예전에는 <u>주로</u> 다방에서 커피를 마셨다.

① 자주 ② 흔히
③ 언제나 ④ 우선적으로

3. 밑줄 친 부분과 바꾸어 쓸 수 있는 것을 고르십시오.

거리에는 커피 전문점이 <u>줄지어 있습니다</u>.

① 많지 않습니다.
② 늘어서 있습니다.
③ 군데군데 있습니다.
④ 줄에 맞추어 있습니다.

4. (가)~(라)의 문장을 순서대로 맞게 배열한 것을 고르십시오.

(가) 한국 요리는 발효 식품을 많이 사용한다. (나) 한국 음식 문화의 특징으로는 어떤 것이 있는지 살펴보자. (다) 한국 요리의 기본양념인 간장, 된장, 고추장은 물론, 한국을 대표하는 음식인 김치도 발효 식품이다. (라) 유네스코 제8차 무형 유산위원회에서는 2013년 12월부터 '김치'를 인류 무형 문화유산으로 등재하기로 결정했다.

① (가) – (나) – (다) – (라)
② (가) – (나) – (라) – (다)
③ (나) – (가) – (라) – (다)
④ (나) – (가) – (다) – (라)

5. 다음의 글을 읽고 (　　)에 알맞은 것을 고르십시오.

지구가 뜨거워지면 남극과 북극에 있는 얼음이 녹는다고 한다. 그러면 영화에서 보는 것처럼, 우리가 살고 있는 곳이 바다가 될 수도 있다. 얼음이 녹으면 (　　　), 날씨가 아주 추워지거나 더워져서 사람이 살 수 없어진다고 한다.

① 육지가 바다가 되기 때문에
② 바닷물이 싱거워지기 때문에
③ 바다의 온도가 달라지기 때문에
④ 바다의 높이가 높아지기 때문에

6. 다음의 글을 읽고 (　　)에 알맞은 것을 고르십시오.

> 인구가 서울에 몰리면서 많은 문제가 생겼다. 그 중에서 가장 큰 문제는 (　　　). 이러한 문제를 해결하기 위해서 수도권 인구 집중 현상을 막고 국토를 균형 있게 발전시켜야 한다는 의견이 나왔다. 세종시를 건설함으로써 다른 지역도 함께 조화롭게 발전될 것으로 전망된다.

① 서울의 물가가 많이 올랐다는 것이다
② 서울의 생활 환경이 나빠졌다는 것이다
③ 서울이 심각한 환경 오염을 겪게 되었다는 것이다
④ 서울은 많이 발전했지만 다른 지역은 그렇지 못했다는 것이다

※ [7~8] 다음을 읽고 물음에 답하십시오.

> 한국 속담에 '(　㉠　)'라는 말이 있습니다. 이런 말이 생길 정도로, 예로부터 한국 사람들은 서울이나 그 주변에서 모여 살았습니다. 그 결과 한국 인구 5명 중의 1명이 서울에 사는 시대가 되었습니다.
>
> 남한의 수도는 서울로서 한반도의 중심을 흐르는 한강 하류에 자리를 잡고 있습니다. 서울은 조선 시대에는 '한양', 대한제국 시대에는 '한성', 일제강점기 때는 '경성'이라는 이름을 쓰다가 현재는 서울이라는 이름을 ㉡<u>쓰게 되었습니다</u>.

7. 다음 중 (㉠)에 들어갈 속담으로 알맞은 것을 고르십시오.

① 서울 가서 김 서방 찾는다.
② 서울에선 눈 감으면 코 베어 간다.
③ 종로에서 뺨 맞고 한강에서 눈 흘긴다.
④ 말은 나면 제주도로 보내고 사람은 나면 서울로 보내라.

8. 다음 중 밑줄 친 ㉡에 나타난 '-게 되다'의 의미와 다른 것을 고르십시오.

① 그 영화를 보면 마음이 따뜻해진다.
② 이 화장품을 바르면 얼굴이 고와져요.
③ 우리가 너무 힘껏 잡아 당겨서 줄이 끊어졌다.
④ 밤이 되니까 학교의 운동장이 매우 조용해졌어요.

※ [9~10] 다음을 읽고 물음에 답하십시오.

(가) 오랜 전쟁으로 인해 가난하고 병든 사람이 많은 톤즈에서 이태석 신부가 한 역할은 한두 가지가 아니었다. ㉠ 의사이자, 선생님이자, 직접 병원과 성당을 지은 건축가였다. 뿐만 아니라 독학으로 연주법을 익힌 후에, 전쟁으로 상처받은 아이들을 음악으로 치료하려고 '브라스 밴드'도 만들었다. 그는 무엇보다도 톤즈 사람들이 가장 의지하고 존경하는 사람이었다.

(나) 안철수 씨는 의사 생활을 하면서도 백신을 만들어 컴퓨터 사용자들에게 ㉡ 무료로 나누어 주었다. 1995년, 한국 최초로 백신 연구소인 '안철수 컴퓨터 바이러스 연구소'를 설립했다. 또한 학문 연구와 교육에 힘썼고, 막대한 주식을 사회에 내놓아 공익 재단을 설립하기도 했다.

9. 밑줄 친 ㉠의 '-(이)자'와 바꿀 수 있는 표현이 쓰인 것을 고르십시오.

① 철수는 의사이며, 영희는 교사이다.
② 오늘은 크리스마스이면서 일요일이다.
③ 폭우가 쏟아지자 곧 집 안으로 물이 들어왔다.
④ 할머니께서는 병원에 가셨는데, 어머니는 백화점에 가셨다.

10. 밑줄 친 ㉡에 쓰인 '-(으)로'와 의미가 같은 것을 고르십시오.

① 철수는 감기로 결석했다.
② 나는 집으로 발길을 돌렸다.
③ 어머니는 딸을 훌륭한 사람으로 키웠다.
④ 주인아주머니는 아주 싼 값으로 남은 물건을 팔았다.

※ [11~12] 다음을 읽고 물음에 답하십시오.

11. 아래 글의 앞에 연결될 수 있는 내용으로 알맞은 것을 고르십시오.

요즘은 길거리에 자판기보다 커피 전문점이 더 눈에 띈다. 커피 전문점 유리창 너머로 연인끼리, 친구끼리 마주앉아 커피 마시는 모습을 흔히 볼 수 있다. 이처럼 밥값보다 비싼 돈을 주고 커피 전문점을 찾는 이유는 뭘까?

① 예전에는 커피 전문점이 드물었다.
② 예전에는 주로 커피 전문점에서 원두커피를 마셨다.
③ 예전에는 커피 자동판매기를 많이 이용하지 않았다.
④ 예전에는 커피 전문점에서 파는 커피의 값이 비쌌다.

12. '서로 잘 어울리는'이라는 의미로 (　　)에 들어갈 수 있는 표현을 고르십시오.

한국인은 비빔밥이나 쌈처럼 재료를 섞어 (　　) 맛을 즐긴다. 비빔밥은 밥에 다양한 색깔의 나물과 고추장 등을 섞어서 비벼 먹는 것이다. 쌈은 상추나 깻잎 같은 채소에 삼겹살, 김치, 마늘, 고추를 얹어서 싸먹는 것이다.

① 조성되는　　② 구성되는
③ 조화되는　　④ 대비되는

※ [13~15] 다음을 읽고 물음에 답하십시오.

부산국제영화제에서는 아시아 출신의 신인 감독의 새로운 영화를 소개하고, 투자자와 만날 수 ㉠ 있도록 주선한다. 1999년에는 신인 감독들과 투자자를 연결해 주는 '부산 프로모션 플랜'이 수립되어, 2011년부터는 '아시아 프로젝트 마켓'이라는 이름으로 이어져 오고 있다. 2012년에는 아시아를 대표할 배우 양성을 목표로 '아시아 연기자 아카데미'를 출범하여 신인 연기자 발굴에 힘쓰고 있다. 그리고 (　　　　　). 특히 관객과 영화인이 자유롭고 편한 분위기에서 직접 소통하는 '오픈 토크(open

talk)'는 많은 사람들에게 호응을 얻고 있다. 이러한 특징 때문에 부산국제영화제는 짧은 시간에 크게 성장할 수 있었다.

13. 이 글을 쓴 목적으로 가장 알맞은 것을 고르십시오.

① 부산국제영화제에 누가 오는지 알려 주려고
② 부산국제영화제가 만들어진 이유를 밝히기 위해
③ 부산국제영화제가 발전하게 된 이유를 말해 주기 위해
④ 부산국제영화제에 참가할 수 있는 방법을 알려 주기 위해

14. 밑줄 친 ㉠의 '-도록'의 의미와 다른 것을 고르십시오.

① 나무가 잘 자라도록 거름을 주었다.
② 손님이 편히 주무시도록 조용히 해야 한다.
③ 아이들이 길을 안전하게 건널 수 있도록 보살펴야 한다.
④ 밤이 늦도록 동생이 들어오지 않아서 걱정했다.

15. (　　　)에 들어갈 알맞은 문장을 고르십시오.

① 부산국제영화제는 관객들이 적극적으로 참여할 수 있는 것이 특징이다.
② 부산국제영화제에서는 아시아를 대표하는 배우를 양성하는 데에 힘쓴다.
③ 부산국제영화제에서는 유명 감독들이 투자자들에게 신인 배우를 소개한다.
④ 부산국제영화제는 관객이 '아시아 연기자 아카데미'에 참여할 수 있게 해 준다.

단원 종합 문제 2

(제6과~제10과)

1. 밑줄 친 부분과 바꾸어 쓸 수 있는 가장 적절한 것을 고르십시오.

우리는 야구장에서 최신 응원가와 유행가를 목청껏 불렀다.

① 힘껏 ② 기껏
③ 눈치껏 ④ 재주껏

2. 밑줄 친 부분과 바꾸어 쓸 수 있는 것을 고르십시오.

어디에서나 사람들이 스마트폰을 사용하는 모습을 많이 볼 수 있다.

① 괜찮게 ② 같잖게
③ 하찮게 ④ 적잖게

3. (　　)에 들어갈 말로 가장 알맞지 않은 것을 고르십시오.

많은 현대인들은 심장에 생긴 문제나 뇌출혈로 (　　)에 이르기까지 한다.

① 중상 ② 죽음
③ 사망 ④ 중태

4. (　　)에 들어갈 말로 알맞지 않은 것을 고르십시오.

전 세계의 컴퓨터가 하나의 네트워크로 (　　) 인터넷이 가능해졌다.

① 묶여서 ② 잡혀서
③ 엮여서 ④ 연결돼서

5. (가)~(마)의 문장을 순서대로 맞게 배열한 것을 고르십시오.

(가) 인터넷으로 인해 우리 생활에는 큰 변화가 일어났다. (나) 최근에는 스마트폰으로 더 쉽게 인터넷에 접속할 수 있다 (다) 은행에 직접 가지 않고 인터넷으로 은행 업무를 볼 수 있게 되었다. (라) 각종 애플리케이션으로 다양한 서비스를 이용할 수 있게 되었다. (마) 이처럼 우리는 인터넷 때문에 정보의 혁신 시대를 살아가고 있다.

① (가) -(나) -(라) -(마) -(다)
② (가) -(나) -(마) -(다) -(라)
③ (가) -(다) -(나) -(라) -(마)
④ (가) -(다) -(마) -(나) -(라)

6. 다음의 글을 읽고 (   )에 알맞은 것을 고르십시오.

지금은 취업난이 해소될 전망이 그리 밝지 못한 상황입니다. 경제 상황이 어려워질 뿐만 아니라 일자리가 (   ) 일을 하려는 사람은 점점 많아지기 때문입니다.

① 안정되어 있고　② 한정되어 있고
③ 정체되어 있고　④ 고정되어 있고

7. 아래의 내용과 관계가 있는 속담으로 알맞은 것을 고르십시오.

전 세계 18세 미만 아동의 절반 정도가 가난과 배고픔에 시달리고 있다고 한다. 먹을 것이 없어서 굶어 죽어 가고 있는 아이들의 모습은 삶의 고통이 얼마나 깊은지 보여 준다.

① 금강산도 식후경.　② 이웃이 사촌보다 낫다.
③ 가난은 나라도 못 당한다.　④ 구슬이 서 말이라도 꿰어야 보배.

8. 다음 중 (　　　)에 들어갈 말로 알맞지 않은 것을 고르십시오.

가 : 어떤 분야에 지원하고 싶어요? 나 : 저는 영화 산업 분야에 (　　　　) 합니다. 가 : 최근 그 분야에 지원하는 사람들이 늘고 있어요.

① 지원할까　　② 지원하도록
③ 지원하고자　　④ 지원했으면

9. 다음의 글을 읽고 (　　　)에 알맞은 것을 고르십시오.

우리는 온라인 게임을 통해 (　　　　　　　　). 게임을 하면서 재미를 느끼고 스트레스를 해소할 뿐만 아니라 친구를 사귀고 이야기를 나눌 수도 있다.

① 다른 사람들과 긴장을 풀기도 한다
② 다른 사람들과 승부를 내기도 한다
③ 다른 사람들과 소통을 하기도 한다
④ 다른 사람들과 협력을 하기도 한다

10. 다음 글의 내용과 같은 것을 고르십시오.

고혈압을 예방하기 위해서는 규칙적인 운동도 필요하겠지만, 소금의 섭취량을 조절하는 것이 가장 중요하다. 특히, 한국인이 가장 즐겨 먹는 김치류나 된장류에는 나트륨이 많이 포함되어 있기 때문에 생야채와 함께 먹는 등의 방법으로 나트륨의 수치를 낮춰야 할 것이다.

① 혈압을 낮추기 위해서는 지속적으로 운동량을 늘려야 한다.
② 나트륨 섭취를 줄이기 위해서 생야채를 식사 전에 먹으면 좋다.
③ 고혈압 예방을 위해서는 음식량보다는 운동량을 조절해야 한다.
④ 한국인이 자주 먹는 음식은 짠 편이어서 싱겁게 먹는 것이 좋다.

11. (　　　)에 들어갈 말로 가장 알맞은 것을 고르십시오.

사직 야구장에는 볼거리와 먹을거리 그리고 즐길 거리가 다양하다. 그래서인지 롯데 팀의 경기가 있는 날에는, 하던 일을 잠시 (　　　　) 그곳에서 한마음으로 즐기는 사람들이 많다.

① 접어 두고　　② 받아 두고
③ 마쳐 두고　　④ 줄여 두고

12. 아래 글 바로 앞에 연결될 수 있는 내용으로 가장 알맞은 것을 고르십시오.

한국은 유니세프의 도움을 받던 나라가 도움을 주는 나라로 발전한 첫 사례였다. 1994년 설립된 유니세프 한국 위원회에서는 다양한 봉사 활동을 하고 있다.

① 유니세프의 설립 과정
② 유니세프의 회원국 소개
③ 유니세프의 한국에 대한 지원
④ 유니세프 한국 위원회의 세계적인 활동

13. 다음 글의 내용과 같은 것을 고르십시오.

정치적이든 경제적이든 남북 간의 교류가 많아질수록 한반도에 평화가 정착될 가능성도 높아진다. 평화를 위해서는 남북한 모두의 노력과 양보가 필요하다. 또한 이웃나라들이 한반도의 평화는 곧 아시아의 평화, 세계의 평화라는 생각을 할 수 있도록 외교적 노력도 계속해야 한다.

① 정치적 교류가 경제적 교류보다 중요하다.
② 한반도 평화는 주변국의 결정에 달려 있다.
③ 외교적 노력은 한반도 평화에 도움이 되지 않는다.
④ 한반도 평화를 위해 남북한 당사자의 소통이 중요하다.

※ [14~15] 다음을 읽고 물음에 답하십시오.

> 이 세상에는 수많은 직업이 있고, 새로운 직업이 계속 등장하고 있다. SNS 시대가 되면서 '소셜 큐레이터(social curator)'라는 직업이 생겼다. 큐레이터는 원래 미술관이나 박물관에서 작품의 수집과 보존, 홍보를 위해 여러 가지 일을 하는 사람이다. 그리고 환경과 관련된 새로운 직업으로는 '에코(eco) 제품 디자이너'가 있다. 이들은 버려진 물건으로 새로운 제품을 만든다. 문화에 대한 관심이 높아지면서 '문화 PD'라는 직업도 나타났다. 이들은 한국 문화 콘텐츠(contents)를 영상으로 제작하여 전파하는 1인 문화 전달자이기도 하다. 이들은 지역의 문화, 역사, 예술 등을 소재로 홍보 영상을 만드는 일을 한다.
>
> (   ) 예전에는 상상도 하지 못했던 여러 종류의 직업이 탄생하였다. 지금 어떤 직업들이 인기가 있는지, 앞으로는 또 어떤 직업이 새로 생겨날지 생각해 보자. 이런 상황에서 우리에게는 어떤 직업이 적성에 맞고 능력에 맞는지 생각해 볼 필요가 있다.

14. (   )에 들어갈 말로 가장 알맞은 것을 고르십시오.

① 시대가 바뀌면서
② 다양한 사람 때문에
③ 소득 수준이 높아지면서
④ 문화가 중요한 시대라서

15. 이 글 다음에 이어질 내용으로 가장 알맞은 것을 고르십시오.

① 다양한 직업의 중요성
② 직업을 선택할 때 적성의 중요성
③ 과거의 직업과 현재 직업의 관계
④ 과거 사람들의 취향과 오늘날 사람들의 취향

단원 종합 문제 3

(제11과~제15과)

1. 밑줄 친 부분과 의미가 비슷한 것을 고르십시오.

전통적으로 한국인은 <u>혈통</u> 중심의 단일 민족을 유지해 왔다.

① 혈관　　② 혈연
③ 인종　　④ 종교

2. 밑줄 친 부분과 의미가 반대인 것을 고르십시오.

길 한가운데에 교통사고가 난 흔적이 <u>선명하다</u>.

① 뚜렷하다　　② 생생하다
③ 희미하다　　④ 투명하다

3. 아래의 밑줄 친 말의 의미로 가장 적절한 것을 고르십시오.

<u>선거는 민주주의의 꽃</u>이라는 말이 있다. 한국에서 정치인을 뽑는 선거로는 대통령 선거, 국회의원 선거, 지방 선거가 있다.

① 선거를 통해서 국가의 최고 지도자를 뽑기 때문이다.
② 선거를 통해서 복지 사회를 실현할 수 있기 때문이다.
③ 선거를 통해서 경제 민주화를 이룰 수 있기 때문이다.
④ 선거를 통해서 국민의 의견을 모아 대표자를 뽑기 때문이다.

4. 밑줄 친 부분 중에서 단어의 쓰임이 적절하지 않은 것을 고르십시오.

① 대통령은 국민의 직접 선거를 통해 선출된다.
② 이 집회는 한국 정부에 항의하기 위해 열렸다.
③ 한국의 문화를 배우려는 유학생 수도 늘리고 있다.
④ 큰 건물에 화재가 나면 그 불은 쉽게 꺼지지 않는다.

5. 아래의 글이 무엇에 대한 내용인지 알맞은 것을 고르십시오.

인쇄 매체에서 가장 대표적인 것은 신문과 잡지라고 할 수 있다. 신문은 돈을 주고 사는지, 언제 발간되는지, 어느 지역에서 발간되는지에 따라서 유료 신문과 무료 신문, 조간신문과 석간신문, 중앙지와 지방지로 나눌 수 있다. 잡지는 발행 주기에 따라 주간지, 월간지 등으로 구분된다. 그리고 그 내용에 따라 경제와 관련된 내용, 취미와 관련된 내용, 과학이나 의학 등 전문적인 내용, 여성 관련 내용을 담은 것 등이 있다.

① 인쇄 매체의 특성　　② 인쇄 매체의 유래
③ 인쇄 매체의 내용　　④ 인쇄 매체의 종류

※ [6～7] 다음을 읽고 물음에 답하십시오.

(　　㉠　　)는/라는 말이 있다. '뻔한 속임수에 바보같이 왜 속는 거지?'라고 생각하면서 자신도 (　　㉡　　) 피해를 입는 것이 바로 피싱 범죄이다. 이러한 피해를 방지하기 위해서, 금융감독원에서는 국민들에게 각종 피싱 사기를 당하지 않게 주의해 줄 것을 당부했다.

6. ㉠에 들어갈 알맞은 속담을 고르십시오.

① 다 된 죽에 코 풀기　　② 손 안 대고 코 풀기
③ 눈을 떠도 코 베어 간다　　④ 뒤로 자빠져도 코가 깨진다

7. ㉡에 들어갈 말로 적절한 것을 고르십시오.

① 모르는 만큼　　② 모르는 김에
③ 모르는 덕분에　　④ 모르는 사이에

8. 아래 통계표의 내용과 다른 것을 고르십시오.

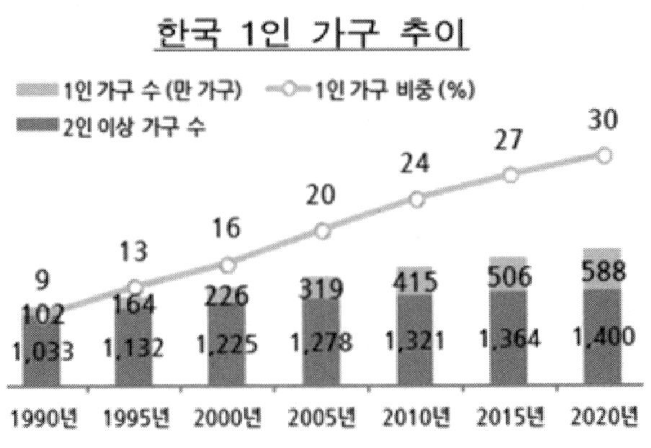

[2011년 통계청 조사 자료]

① 혼자 사는 1인 가구 수가 지속적으로 증가하고 있다.
② 1인 가구 비중은 1990년부터 2010년까지 15% 증가하였다.
③ 2010년을 기준으로 보면, 두 가구 중에서 한 가구가 1인 가구인 셈이다.
④ 2020년에는 1인 가구 수가 588만으로, 전체 가구 수의 30%까지 증가할 전망이다.

9. (　　)에 들어갈 말로 알맞은 것을 고르십시오.

지난달에는 같은 장소에서 이어폰을 꽂은 채 길을 가던 학생이 차에 치여 사망한 일이 있었습니다. 길을 걸을 때 이어폰을 꽂고 음악을 듣거나 스마트폰을 보면, (　　　　) 자칫하면 이와 같은 큰 사고로 이어질 수 있습니다. 이러한 사고를 예방하기 위해서는 운전 중이나 보행 중에 이어폰과 스마트폰을 사용하는 것을 자제해야 합니다.

① 주의 집중이 잘 되기 때문에
② 위험을 미리 알 수 없기 때문에
③ 발을 잘못 디딜 수 있기 때문에
④ 사망 사고가 잘 일어나기 때문에

10. 다음 글을 순서대로 맞게 배열한 것을 고르십시오.

(가) 최근에는 스마트폰과 같은 모바일 기기가 널리 보급되었다.
(나) 이 앱을 통해 사람들이 시간과 공간의 제약을 받지 않고, 직접 정보를 생산하고 서로 공유할 수 있게 되었다.
(다) 이로써 양방향 소통이 활성화되어 여론 형성에 기여할 수 있게 되었다.
(라) 그래서 모바일 기기에서 이용할 수 있는 여러 가지 유용하고 재미있는 앱도 앞다투어 개발되고 있다.

① (가) - (다) - (라) - (나)　② (나) - (다) - (가) - (라)
③ (가) - (라) - (나) - (다)　④ (나) - (가) - (다) - (라)

11. 아래 글의 중심 생각을 고르십시오.

한국 국민들이 의사를 표현하는 평화적인 방법으로 촛불 집회가 있다. 이 집회는 2002년 6월 여중생이 미군 장갑차에 치여 죽었을 때, 주한 미군과 한국 정부에 항의하기 위해 열렸다. 그리고 2008년 5월에는 10대 여학생들이 미국산 쇠고기의 수입을 반대하는 '촛불 문화제'를 연 이후 전국으로 확산되었다. 이 집회는 평화적으로 진행되었고, 대학생뿐 아니라 회사원, 유모차를 끌고 온 주부 등 많은 사람들이 참여했다.

① 촛불 집회는 주한 미군과 한국 정부에 저항하기 위해 처음 열렸다.
② 미국산 쇠고기의 수입을 반대하는 운동으로 촛불 문화제를 열었다.
③ 촛불 집회는 평화적으로 진행되는, 한국 국민들의 의사 표현 방식이다.
④ 집회는 대학생과 회사원, 주부 등 다양한 계층의 사람들이 참여할 수 있다.

12. 다음 글의 제목으로 가장 알맞은 것을 고르십시오.

정부에서는 다문화 센터를 각 지역마다 설치하여 운영 중이다. 다문화 센터에서는 결혼 이민자들이 문화적 차이를 극복하고 한국에서 정착할 수 있도록 돕고 있다. 예를 들면 한국어와 한국 문화를 무료로 교육하는 등 다양하게 지원하고 있다. 다문화 사회가 되기 위해서는 이러한 국가의 제도와 정책이 중요하기 때문이다.

① 다문화 센터의 필요성　② 다문화 센터의 교육 프로그램
③ 다문화 사회를 위한 정부의 지원　④ 다문화 가정을 위한 봉사 활동

13. 다음을 읽고 (　　　)에 들어갈 내용으로 알맞은 것을 고르십시오.

이처럼 한국에는 종교가 다양해서 종종 갈등이 생기기도 한다. 따라서 2013년 6월, '다른 것도 아름답다'는 주제로 제3회 '전국 종교인 화합 대회'가 대전에서 열렸다. 비록 종교는 다를지언정 추구하는 궁극적인 목적은 그다지 다르지 않다. (　　　　　　), 진정한 화합을 이룰 수 있을 것이다.

① 각 종교의 목적이 하나로 통일될 때
② 갈등의 주요 원인인 다양성이 사라질 때
③ 전국의 모든 종교인이 화합 대회를 열 때
④ 타 종교를 인정하고 가르침을 실천해 갈 때

14. 다음 글의 주제로 가장 알맞은 것을 고르십시오.

최근에는 피싱 범죄가 빠르게 진화하고 있다. 가짜 홈페이지에 개인 정보를 입력하도록 유도하는 '파밍(pharming)'이나 휴대폰에 메시지를 보내 악성 코드를 설치하여 소액 결제 피해를 입히는 '스미싱(smishing)'까지 등장하여 사기 수법이 날로 교묘해지고 있다.

① 피싱 범죄의 원인 ② 피싱 범죄의 진화 양상
③ 피싱 범죄의 피해 사례 ④ 피싱 범죄에 대한 예방책

15. 다음 글을 쓴 목적으로 가장 알맞은 것을 고르십시오.

한편 이사를 할 때는 '손 없는 날'을 선택하여 이사를 하려는 사람이 많다. 다른 곳으로 이사를 한 후에 혹시나 미래에 생길지도 모르는 불행을 미리 막고 싶어 하기 때문이다. 또 중요한 시험을 치기 전에는 이번에 합격할 수 있을지 물어 보기도 한다. 그리고 연초에는 그 해의 운세가 어떨지 알아보기도 한다. 이처럼 점을 보는 것은 모두 미래에 대한 불확실성이나 불안감 때문이다.

① 점의 종류를 알려 주려고
② 점의 정확성을 밝히기 위해
③ 사람들이 점을 보는 이유를 설명하기 위해
④ 점을 보는 것은 바람직하지 못하므로, 점을 보는 일을 없애기 위해서

【단원 종합 문제 정답】

종합 문제 1	문항	1	2	3	4	5
	정답	①	②	②	④	③
	문항	6	7	8	9	10
	정답	④	④	③	②	④
	문항	11	12	13	14	15
	정답	①	③	③	④	①
종합 문제 2	문항	1	2	3	4	5
	정답	①	④	①	②	③
	문항	6	7	8	9	10
	정답	②	③	②	③	④
	문항	11	12	13	14	15
	정답	①	③	④	①	②
종합 문제 3	문항	1	2	3	4	5
	정답	②	③	④	③	④
	문항	6	7	8	9	10
	정답	③	④	③	②	③
	문항	11	12	13	14	15
	정답	③	③	④	②	③

[부록2]

일본어 번역

【제1과】

[본문 1]

- 지구 온난화: 地球温暖化
- 온실가스: 温室ガス
- 매연: 排気ガス
- 연료: 燃料
- 냉방: 冷房
- 난방: 暖房
- 역할: 役割
- 온도: 温度
- 남극: 南極
- 북극: 北極
- 앓다: 患う
- 오염되다: 汚染される
- 베다: 切る
- 심다: 植える
- 녹다: 解ける

[본문 2]

- 댐: ダム
- 건설: 建設
- 농산물: 農産物
- 피해: 被害
- 여유: 余裕
- 낭비: 無駄遣い
- 잔디: 芝生
- 짓다: (農業を)営む
- 줄어들다: 減る
- 즐기다: 楽しむ
- 발생하다: 発生する
- 유지하다: 維持する
- (약을) 치다: まく
- 풍요롭다: 豊かだ

{ 考えてみましょう }

• 4月5日は韓国で植木日(木を植える日)です。なぜ木を植える日を定めたのでしょうか。みなさんの国にもこのような日がありますか。

{ 本文1 } 環境保護の必要性

地球はいま，ひどい苦痛を味わっています。その理由は地球がだんだん熱くなっているためですが，これを地球温暖化といいます。ところで，なぜ地球が熱くなっているのでしょうか。

まず，温室ガスのせいです。温室ガスは，私たちがより便利な生活をするために使用しているものから多く出ます。工場から出る排気ガス，自動車で使用する燃料から出るガス，冷房や暖房をするとき出るガスなどが，私たちの身近にある温室ガスです。

次には，木がたくさんなくなるからです。木は，汚染された空気をきれいな空気に変える役割をします。木は主に，家を建てたり家具を作ったり紙を作ったりするのに使用されます。それで，木がたくさん必要なのですが，木を切るばかりで，植えることをしませんでした。きれいな空気を作ることのできる木がなくなるほど，地球の温度がだんだん上がるのです。

このように地球が熱くなれば，南極と北極にある氷が解けるといいます。そうすると，映画で見るように，私たちが住んでいるところが海になることもありえます。そして，氷が解ければ海の温度が変化するので，とても寒くなったり暑くなったりして，人が住めなくなるといいます。

私たちの住む地球のために，どのようなことができるでしょうか。

｛考えてみましょう｝

• 私たちはより便利な生活のために自然を開発しますが，それが私たちにどのような結果をもたらしたでしょうか。

｛本文2｝人間の生活と環境汚染

環境を保存することと開発することのうち，どちらのほうがより重要だろうか。この二つのうち何がより重要か，考えてみる必要がある。

ダムの建設とゴルフ場の建設をこのような例として挙げることができる。まず，ダムは，農業を営む際に多くの農産物を得，私たちが水を使用するのに不足することのないようにするために建設した。ところが，ダムを造ったら，そこに住んでいた人々が被害にあったり，人の住める土地が減る可能性がある。そして，水の流れが悪くなって汚染されたり，魚たちが行き来するところがなくなって魚たちが住めなくなったりすることもありうる

人は，生存の問題が解決されれば，生活の余裕を見いだし楽しんで暮らすことを望む。例えば，ゴルフも，生活の余裕を楽しむスポーツのうちの一つである。ところが，ゴルフ場を建設するためには木を切らなければならず，木を切ればさまざまな環境問題が発生する。そのうえ，造ったゴルフ場を維持するためには多くの水が必要で，水の無駄遣いがひどくなる。のみならず，ゴルフ場の芝生をきちんと管理するにはそれだけ薬をたくさん使わなければならないため，土地や水が汚染される。

1960～1980年代に，韓国は経済成長と豊かな生活のために多くの努力をした。それで，環境に対する関心が少なかったのが実情であった。いまや，私たちは次のような問題について関心を持つ必要がある。

「人間のために環境を開発するのが正しいことなのか，保存するのが正しいことなのか。」

{ことわざ}

강물도 쓰면 준다.
(川の水も使えば減る。)

{풀이}

とても多い川の水も使えば減るように，あるものがどんなに多くても節約して使わなければすぐになくなるということを表すことわざである。似たことわざとしては，「시냇물도 퍼 쓰면 준다.」(小川の水も使えば減る。)がある。

【メモ】

【제2과】

[본문 1]

- 수도: 首都
- 이념: 理念
- 분단: 分断
- 한강: 漢江
- 조선 시대: 朝鮮時代
- 일제 강점기: 日韓併合期
- 통일: 統一
- 자리를 잡다: 位置する
- 갈라지다: 分かれる
- 특별시 : 特別市
- 38선: 北緯38度線
- 한반도: 朝鮮半島
- 하류: 下流
- 대한제국 시대: 大韓帝国時代
- 교류: 交流
- 갈라서다: 分かれる
- 위치하다: 位置する

[본문 2]

- 주변: 周辺
- 지역 사회: 地域社会
- 집중: 集中
- 균형: バランス
- 행정 중심 도시: 行政中心都市
- 일대: 一帯
- 자치시: 自治市
- 생활 환경: 生活環境
- 위기: 危機
- 백지화되다: 白紙化される
- 조화롭다: バランスがよい
- 비약적: 飛躍的
- 수도권: 首都圏
- 국토: 国土
- 의견: 意見
- 논의: 議論
- 복합 도시: 複合都市
- 분산: 分散
- 정부: 政府
- 국회: 国会
- 건설하다: 建設する
- 전망되다: 見込まれる

{考えてみましょう}

- 大韓民国はなぜソウルを首都として定めたのでしょうか。

{本文1} 韓国の首都・ソウル特別市

すべての国には首都があります。一般的に首都は政治・経済・文化の中心地です。では，韓国ではどのようなところを首都として定めたのでしょうか。

朝鮮時代以降，韓国の首都はソウルでした。しかし，第2次世界大戦以降，政治的・理念的な相違から，北緯38度線を基準に，南と北に分かれました。このような国土分断の結果として，韓国の首都と北朝鮮の首都が，それぞれソウルと平壌に分かれました。

韓国の首都はソウルで，朝鮮半島の中心を流れる漢江の下流に位置しています。ソウルは，朝鮮時代には「漢陽」，大韓帝国時代には「漢城」，日韓併合期には「京城」という名前を使っていましたが，現在は「ソウル」という名前を使うようになりました。一方，北朝鮮の首都は朝鮮半島西北部の中央に位置する平壌です。平壌は平安南道南西部の大同江下流に位置し，高句麗の首都でもありました。

歴史はめぐりめぐるという言葉があります。最終的には，合わさったものは分かれ，分かれたものはまた合わさるといいます。現在，韓国と北朝鮮は，政治交流，経済交流，そして文化交流を試みています。このような過程を経る中で，南北統一の道に近づいています。

朝鮮半島が統一されたとき，統一国家の首都として，どのようなところがよいでしょうか。

｛考えてみましょう｝

• みなさんの国に新しく造った都市がありますか。その都市の特徴は何ですか。

｛本文2｝行政中心都市・世宗特別自治市

韓国のことわざに，「馬は生まれたら済州島に行かせ，人は生まれたらソウルに行かせよ」という言葉があります。このような言葉ができるほど，昔から韓国人はソウルやその周辺に集まって暮らしました。その結果，現在，人口5人のうち1人がソウルに住む時代になりました。

このように人口がソウルに集中して，多くの問題が生じました。その中で最も大きな問題は，ソウルは飛躍的に発展しましたが，地域社会はそうではないということです。このような問題を解決するために，首都圏への人口集中を防ぎ，国土をバランスよく発展させなければならないという意見が出ました。それで，行政中心都市を建設しようという議論が始まり，2012年7月1日から，忠清南道燕岐郡一帯に行政中心複合都市・世宗特別自治市が造られました。

実は，世宗市ができるまでには，多くの困難がありました。特に，盧武鉉(ノ・ムヒョン)政府から李明博(イ・ミョンバク)政府に変わって，もとの計画が白紙化される危機に陥ったりもしました。しかし，国会の議論を経て，結局，もとの計画どおり，世宗市を建設できるようになりました。

世宗市ができて，首都圏の人口が分散し，人口集中によって生じた諸問題を解決できるようになりました。これによって，首都圏の生活環境もよくなるものと期待されます。また，他の地域も，世宗市とともに，バランスよく発展するものと見込まれます。

{ことわざ}

서울을 가야 과거에 급제하지.
(ソウルに行かなければ，科挙に及第できない。)

{풀이}

何らかの成果を収めるには， それに見合った努力と準備がなければならないという意味を表すことわざである。似たことわざとしては,「잠을 자야 꿈을 꾸지. 하늘을 보아야 별을 따지.」(眠らなければ夢を見られない。空を見なければ星を取れない。)がある。

【メモ】

【제3과】

[본문 1]

- 봉사: 奉仕
- 성직자: 聖職者
- 선교 활동: 宣教活動
- 독학: 独学
- 건강검진: 健康診断
- 말기: 末期
- 투병 생활: 闘病生活
- 몹시: 非常に
- 의지하다: 頼る
- 흘리다: 流す
- 이어지다: 続く
- 신부: 神父
- 신학대학: 神学大学
- 성당: 聖堂
- 연주법: 演奏法
- 대장암: 大腸ガン
- 선고: 宣告
- 세상: 世の中
- 소식: 知らせ
- 존경하다: 尊敬する
- 보답하다: 応える

[본문 2]

- 바이러스: ウイルス
- 주식: 株式
- 재단: 財団
- 지지: 支持
- 선언: 宣言
- 단일화: 単一化
- 후보직: 候補(職)
- 경영자: 経営者
- 분야: 分野
- 안정되다: 安定する
- 막대하다: 莫大だ
- 형성하다: 形成する
- 보장받다: 保証される
- 본업: 本業
- 공익: 公益
- 공감대: 共感帯
- 출마: 出馬
- 후보: 候補
- 야당: 野党
- 국회의원: 国会議員
- 정치가: 政治家
- 도전: 挑戦
- 힘쓰다: 力を尽くす
- 소통하다: コミュニケーションする
- 안주하다: 安住する
- 망설이다: ためらう

{ 考えてみましょう }

• みなさんは奉仕活動をしたことがありますか。あるならば，その経験を通じて何を感じましたか。なければ，今後どのような奉仕活動をしてみたいですか。

{ 本文1 } トンジェの人々を涙させた李泰錫(イ・テソク)神父

他人のために奉仕をするのは，思ったより簡単なことではない。ところで，故・李泰錫神父は，人々が簡単にできない奉仕をした人としてよく知られている。

彼は，医科大学を卒業した後，医師生活をせず，聖職者になろうと神学大学に再入学した。神学生時代に南スーダンで奉仕をしてみて，自分がすべきことやできることが多いということに気づいた。卒業後の2001年11月から，南スーダンのトンジェで，宣教活動と奉仕活動を始めた。

長年の戦争によって貧しく病気の人が多いトンジェで彼が果たした役割は，一つや二つではなかった。医師であり，先生であり，みずから病院と聖堂を建てた建築家であった。のみならず，独学で演奏法を身につけて，戦争で傷ついた子どもたちを音楽で治療しようと，「ブラスバンド」も造った。このような李泰錫神父を，トンジェの人たちは最も慕い尊敬した。

そんな中，2008年10月，韓国に帰国した彼は，総合病院で健康診断を受けた。思いもよらず大腸ガン末期という宣告を受けて，2年間闘病生活をした。しかし，非常に行きたがっていたトンジェに戻れず，48歳の若さで世を去った。トンジェの人たちは他人に涙を見せるのを最も恥ずかしいことと考えるが，その悲しい知らせを聞いて，長い間，涙を流した。

彼を惜しんだトンジェの子どもたちは，彼の愛に応えるために，大きくなって奉仕をしながら生きてゆくという。このように，ある人から受けた愛が他の人へと受け継がれてゆけば，より温かい世の中になるであろう。

{ 考えてみましょう }

• みなさんはどのようなことに挑戦してみましたか。その経験を通じて何を得ましたか。

{ 本文2 } 絶えず挑戦するメンター, 安哲秀(アン・チョルス)氏

安哲秀氏は, 韓国で, コンピューター・ワクチンで有名な人である。彼は, 1986年, 医科大学院に通っていたとき, 国内で初めて「ブレイン」というコンピューター・ウイルスを発見した。ウイルスを治療しようと研究し, 2年後には, 韓国で初めて「ワクチン1」を開発した。その後7年間, 医師生活をしながら, ワクチンを造って, コンピューター使用者に無料で分け与えた。

当時は, 安哲秀氏が唯一のウイルス治療の専門家だった。だが, ウイルスは毎年2倍に増加し, それによる被害もとても大きかった。これが, 彼が本業の医師生活を辞めてワクチン事業を始めたきっかけである。

1995年3月, 彼は韓国で初めてワクチン研究所「安哲秀コンピューター・ウイルス研究所」を設立した。その後, 10年あまり経営していた会社が安定するや, 40代になって, 経営学を勉強するためにアメリカへ留学した。帰国後には, KAISTとソウル大学の教授を務めて, 研究と教育に力を尽くした。それだけでなく, 莫大な株を社会に投じ, 公益財団を設立したりした。

また, 青年たちとコミュニケーションするために全国をめぐり「青春コンサート」を開いた。韓国社会の多様な問題を扱った『안철수의 생각(安哲秀の考え)』という本を通じて, 多くの読者たちと共感帯を形成したりした。

彼は多くの人々の支持によって2012年9月に第18代大統領選挙に出馬宣言をしたが, 2か月後に, 候補単一化のため, 野党候補に譲歩した。2013年4月, ソウル蘆原区の国会議員に当選した後, 本格的に政治をするようになった。

これまで安哲秀氏の生きてきた姿を見ると, 一つのところに安住する人ではない。医師・経営者・教授・政治家として社会的な地位と名誉を保証されていたが, 常に新しい分野に関心を持って挑戦しながら生きている。変化と挑戦の前でためらう人は, 彼のこの言葉を思い起こしてみよう。

「挑戦することは, 大変なだけで, 怖いことではない。」

{ ことわざ }

구르는 돌에는 이끼가 끼지 않는다.
(転石，苔を生ぜず。)

{ 풀이 }

勤勉でたゆまず努力する人は，その場にとどまらず，より一生懸命努力し，発展しつづけるということを表現することわざである。似たことわざとしては「가는 말에 채찍질.」(進む馬にムチ打ち。)がある。

【メモ】

【제4과】

[본문 1]

- 중독성: 中毒性
- 주역: 主役
- 대중문화: 大衆文化
- 열풍: 熱風
- 수출: 輸出
- 대중가요: 大衆歌謡
- 빠지다: はまる
- 돌파하다: 突破する
- 확대되다: 拡大する
- 유튜브(youtube): YouTube
- 중화권: 中華圏
- 열광: 熱狂
- 촬영지: ロケ地
- 각국: 各国
- 특수성: 特殊性
- 사로잡다: 魅了する
- 방영되다: 放映される

[본문 2]

- 국제: 国際
- 레드 카펫: レッドカーペット
- 인사: 人士
- 양성: 養成
- 관객: 観客
- 반세기: 半世紀
- 비롯하다: はじめとする
- 주선하다: 仲介する
- 출범하다: 旗揚げする
- 다가오다: きたる
- 영화제: 映画祭
- 개막식: 開幕式
- 투자자: 投資者
- 발굴: 発掘
- 호응: 好評
- 풍덩: どっぷり
- 개최되다: 開催される
- 수립되다: 樹立される
- 급성장하다: 急成長する

{ 考えてみましょう }

• みなさんは，韓国といえば何が思い浮かびますか。

{ 本文1 } 世界の人を魅了した韓国の大衆文化

2013年，世界は「サイ」の「江南スタイル」にはまった。中毒性のある歌詞と繰り返されるリズム，おもしろい乗馬ダンスが世界の人々を魅了した。YouTubeの再生回数が18億回を突破し，サイも韓流の主役となった。

「韓流」という言葉は，中華圏で使われ始めた。1990年代の半ばから後半にかけて，中華圏では，韓国のテレビドラマ「사랑이 뭐길래(愛って何なんだ)」に始まり，歌手のクローンやHOTなどが大人気を博した。その当時，中国言論で，韓国大衆文化に関する熱狂を表現するために，韓流という表現を使用した。

日本では，2003年にNHKで放映されたテレビドラマ「겨울연가(冬のソナタ)」によって韓流が始まった。ドラマの主人公・裵勇俊(ペ・ヨンジュン)氏は，日本国内で「ヨン様」熱風を巻き起こし，多くの日本人観光客がドラマのロケ地を訪問したりした。

このようにドラマの輸出に始まった韓流は，アジア各国で人気を博した。2000年代の半ば～後半からは，韓国の大衆歌謡(K-Pop)とアイドルスターが世界各国で愛され，韓流の熱風を保っている。

最近は，世界の人々が，韓国の大衆文化を通じて，韓国語，韓国の食べ物，礼儀作法，歴史などにも大きな関心を持ち始めた。過去の韓流が韓国の大衆文化の人気現象を指すものだったとすれば，現在の韓流は韓国の文化全般が世界的な関心の対象となる文化現象へとその意味が拡大した。

「最も韓国的なものが世界的なもの」という言葉がある。韓国文化の特殊性をよく活かして発展させるとき，韓流は世界で輝くことができるだろう。

｛考えてみましょう｝

• みなさんはどのような映画が好きですか。その映画を見て何を感じましたか。

｛本文2｝釜山国際映画祭(BIFF)

「釜山国際映画祭」は，1996年から大韓民国の港湾都市・釜山で毎年10月に開かれている映画祭である。この映画祭は，　世界の映画界において韓国映画をはじめとするアジア映画の位相を高めようという目的で開催されている。

釜山国際映画祭は，有名な監督や俳優たちがレッドカーペットを踏むことで始まる。開幕式に参加すれば，韓国だけでなく世界の有名な人士たちを，近くで直接見ることもできる。開幕作品が上映されてから10日間，海雲台と南浦洞一帯の劇場で，多様な映画が紹介される。

この映画祭では，アジア出身の新人監督が制作した新しい映画を紹介し，投資者と会えるように仲介する。1998年には新人監督と投資者を結ぶ「釜山プロモーションプラン」が立てられ，2011年からは「アジアプロジェクトマーケット」という名前で続いている。2012年には，アジアを代表する俳優養成を目標に「アジア演技者アカデミー」を旗揚げし，新人演技者発掘に力を入れている。

釜山国際映画祭は，他の映画祭とは違って，観客が積極的に参加できるのが特徴である。観客と映画関係者が自由でラフな雰囲気でじかに語り合う「オープントーク」は，多くの人々に好評を博している。このような特徴のために，釜山国際映画祭は短い期間で大きく成長できた。

私たちのよく知る世界3大映画祭，カンヌ・ベルリン・ヴェネツィア映画祭は，その歴史が半世紀を超えている。釜山国際映画祭はこれらの映画祭に比べて歴史が浅いにもかかわらず，世界的な映画祭として急成長している。

百聞は一見にしかず。この秋，釜山に来て，映画の海にどっぷりはまってみないか!

{ ことわざ }

구슬이 서 말이라도 꿰어야 보배.
(三斗の珠もつないでこそ宝。)

{ 풀이 }

このことわざは，どんなに立派でよいものでも，手入れし，整理し，役立つようにしなければ，価値がないという言葉である。似たことわざとしては「부뚜막의 소금도 집어넣어야 짜다.」(かまどの塩も入れなければ味がしない。)がある。

【メモ】

【제5과】

[본문 1]

- 특징: 特徵
- 식품: 食品
- 인내: 忍耐
- 기본양념: 基本調味料
- 공동체: 共同体
- 유산: 遺産
- 상추: サンチュ
- 조화: 調和
- 등재하다: 登録する
- 섞이다: 混ざる
- 발효: 発酵
- 정성: 真心
- 김장: キムジャン
- 인류: 人類
- 무형: 無形
- 쌈: サム
- 깻잎: エゴマの葉
- 나물: ナムル
- 비비다: 混ぜる

[본문 2]

- 성인: 成人
- 다방: 喫茶店
- 지식인: 知識人
- 판매: 販売
- 경제: 経済
- 잠기다: (考えに)ふける
- 엿보다: 垣間見る
- 개발되다: 開発される
- 손쉽다: 手軽だ
- 까다롭다: 気難しい
- 전문점: 専門店
- 예술가: 芸術家
- 풍경: 風景
- 봉지: 袋
- 입맛: 舌
- 줄짓다: 並ぶ
- 무너지다: 崩壊する
- 발전시키다: 発展させる
- 띄다: (目に)つく

{ 考えてみましょう }

- みなさんは韓国の食べ物の中でどのようなものが好きですか。韓国の食文化の特徴は何でしょうか。

{ 本文1 } 韓国の食文化

「食文化」という言葉があるように，私たちが口にする食べ物の中には，多くの文化的な意味がある。韓国の食文化の特徴は何だろうか。

韓国料理は，発酵食品を多く使用する。韓国料理の基本調味料であるしょうゆ，みそ，コチュジャンも，発酵食品である。発酵食品は作るのに長い時間がかかり，作る人の真心と忍耐が必要であるという点で，ファストフードと対照的だ。韓国を代表する食べ物であるキムチも，発酵食品である。キムジャンは，冬の間に食べるキムチを一度に漬けるものであり，韓国の人々の分かち合いと共同体文化を象徴する。2013年12月5日にアゼルバイジャンの首都バクーで開催されたユネスコ第8次無形遺産委員会で，「キムジャン文化」を人類の無形文化遺産として登録した。

韓国人は，ビビンバやサムのように材料を混ぜて調和を成す味を楽しむ。ビビンバは，ごはんに多様な色のナムルとコチュジャンなどを混ぜて食べるものである。サムは，サンチュやエゴマの葉などの野菜に，サムギョプサル，キムチ，にんにく，唐辛子などを載せて包んで食べるものである。ビビンバやサムは，材料が混ざり調和を成して新しい味を(　　　　　)，食べ物をまんべんなく食べるため，健康にもよい。

イギリスの『ガーディアン』オンライン版(2013年11月18日付)には，「ビビンバ」を「最高の健康食品」として紹介する文章が掲載された。このように，韓国の食べ物は，韓国だけでなく世界の人の舌を魅了している。

{ 考えてみましょう }

• みなさんはコーヒーが好きですか。主に，いつ誰とコーヒーを飲みますか。

{ 本文2 } 韓国人のコーヒー愛

韓国にコーヒーが入ってきて，わずか150年程度にしかならない。ところが，成人が1年間に飲むコーヒーは300杯以上で，通りにはコーヒー専門店が並んでいる。韓国人のコーヒー愛がこのように格別であれば，コーヒーを通じて，韓国文化が変化してきた姿を垣間見ることができるのではないだろうか。

かつては，主に，喫茶店(茶房)でコーヒーを飲んだ。喫茶店は，知識人や芸術家たちが集まって，新しい思想や文化を語り合う場であった。コーヒー一杯を前にして考えにふける詩人の姿は，その当時，喫茶店で見慣れた風景だった。

コーヒーが韓国人に広く愛されるようになったのは，スティック入りインスタントコーヒーと自動販売機(自販機)の力が大きかった。スティック入りインスタントコーヒーは韓国の某コーヒー会社が世界で初めて作ったものであるが，コーヒーと砂糖，クリームを混ぜてあるので，ミックスコーヒーとも呼ぶ。コーヒー自販機は1970年代末に開発され，通りのあちこちに設置された。この時期，韓国は，戦争で崩壊した経済を再び発展させるため，全国民が努力していた。安くて手軽に飲めるミックスコーヒーや自販機のコーヒー一杯でしばし疲れをいやし，また働く力を得た。

最近は，通りに自販機よりコーヒー専門店のほうが目につくほどである。ときには食事代より高いお金を払ってでもコーヒー専門店に行く人が増えている。これは消費者の舌が肥えたためでもあり，安らかな雰囲気で語り合うのが好きなためでもある。それで，店のオーナーたちは店の中を落ち着いた雰囲気できれいに飾り，多様なコーヒーの味を開発するために努力せざるをえない。

このように，コーヒーは韓国人とともに新しい文化を作り上げつつある。

{ことわざ}

금강산 구경도 먹은 후에야 한다.
(金剛山見物も食べた後にする。: 花より団子。)

{풀이}

どんなによい見ものがあっても，おなかがいっぱいになってこそ景色を鑑賞できるのであって，おなかがすいていては何もできないという意味である。このことわざは「금강산도 식후경.」(金剛山も食後の見物。)ともいう。

【メモ】

【제6과】

[본문 1]

- 유치: 誘致
- 차근차근: 丹念に
- 위원장: 委員長
- 환호성: 歓声
- 인구: 人口
- 그다지: あまり
- 몰리다: 押し寄せる
- 지르다: (声を)上げる
- 치우치다: かたよる
- 개최지: 開催地
- 주목: 注目
- 동시: 同時
- 종목: 種目
- 위상: 位相
- 활발하다: 活発だ
- 연잇다: 相次ぐ
- 간절하다: 切実だ

[본문 2]

- 프로 야구: プロ野球
- 제도: 制度
- 응원 단장: 応援団長
- 율동: 動き
- 연속적: 連続的
- 갈매기: カモメ
- 일석이조: 一石二鳥
- 특정하다: 特定(の)
- 외치다: 叫ぶ
- 불다: 吹く
- 신기하다: 珍しい
- 연고지: 縁故地
- 남녀노소: 老若男女
- 구호: かけ声
- 먼지떨이: はたき
- 열기: 熱気
- 목청껏: 声を限りに
- 별칭: 別名
- 독특하다: 独特だ
- 찢다: 裂く
- 묶다: 結ぶ
- 접다: 置いておく

{ 考えてみましょう }

- なぜ，各国はオリンピックを開催しようとするのでしょうか。オリンピックを開催すれば，どのような効果が期待できるでしょうか。

{ 本文1 } 夢を成す平昌冬季オリンピック

平昌は，他の地域に比べて，あまり広く知られたところではなかった。雪がたくさん降って，冬のスポーツを楽しもうとする人たちが多く押し寄せる冬にだけ，地域の経済活動が活発になる。冬のスポーツ産業以外には，特に発展できる分野もない。そこで，住民が考え出したのが，冬季オリンピック誘致であった。

しかし，オリンピック誘致は思ったほど簡単ではなかった。2度も挑戦したが，開催地投票では毎回わずかの差でライバル候補都市に負けてしまった。相次ぐ失敗にもかかわらず，平昌住民と誘致団はあきらめないで，何年にもわたって，また丹念に準備をした。

開催地投票をする日，特に注目を浴びた2人がいた。その人とはすなわち，韓国のフィギュアスケートの金妍児(キム・ヨナ)選手とアメリカのモーグルスキーのトビー・ドーソン(韓国名キム・ボンソク)選手であった。彼らは，平昌で開催すべき理由と感動的で希望に満ちた内容を述べるプレゼンテーションによって，参席した委員たちから熱い支持を受けた。

「PYEONGCHANG 2018」

国際オリンピック委員会のジャック・ロゲ会長が第23回冬季オリンピック開催地を発表した瞬間，誘致団と平昌住民は同時に歓声を上げた。

彼らがオリンピック開催を切に願った理由は，大きく三つある。特定種目にかたよらず冬のスポーツを楽しむ人口が拡大し，国内外の他の都市のように平昌が発展して経済活動が活発になり，ひいてはオリンピックを開催した世界的な都市として位相が高まるであろう。

平昌住民と各国の選手たちは「あきらめずに努力すれば夢はかなう」という言葉を思い出し，今日も平昌冬季オリンピックへの準備に力を入れている。

｛考えてみましょう｝

- みなさんは，好きなスポーツチームを応援したことがありますか。これまでに見た応援の中でおもしろかった応援について，話してみましょう。

｛本文2｝おもしろい応援文化の中心，釜山社稷野球場

韓国のプロ野球には，特定の地域に特定のチームを置く地域縁故地制度がある。釜山に縁故地を置くチームは「ロッテジャイアンツ」で，社稷野球場をホーム球場として使用する。そこは，おもしろくて独特の応援文化があるところとして，有名である。

ロッテチームの競技が開かれる日は空席がほとんどない。老若男女みな，応援団長のかけ声とチアリーダーの動きを真似て楽しむ。この楽しい応援に欠かせない道具があるのだが，新聞紙とオレンジ色のごみ袋である。「新聞紙応援」とは，新聞紙を一定の大きさに裂いてはたきの形にして振るものである。そして，「ごみ袋応援」とは，オレンジ色のごみ袋に空気を吹き込んで結び，頭にかぶって応援するものである。それに加えて「波乗り応援」まで一緒にすれば，熱気がさらに高まる。

また，そこには，多くの人が珍しがって驚く「合唱応援」がある。ファンたちはロッテチームの代表的応援歌「釜山カモメ」と最新流行歌を声を限りに歌い，各選手にふさわしい歌も作って歌い，選手を励ましたりする。みな一緒に歌を楽しむところなので，「社稷カラオケ」という別名もある。おもしろくて興に乗る歌のおかげでさらに楽しくなり，たまったストレスも解消することができるので，一石二鳥といえよう。

このほかにも社稷野球場には，見るもの，食べるもの，楽しむものが多様である。ロッテチームの競技がある日，仕事のことはしばし忘れて，そこで一心に楽しむのはどうだろうか。

{ ことわざ }

공든 탑이 무너지랴?
(精を入れた塔が崩れようか。)

{ 풀이 }

精を入れて築いた塔は堅固で簡単に崩れるはずがない。すなわち, 力を尽くし真心を尽くして行ったことは決して無駄にならないという意味のことわざである。似たことわざとしては「뿌린 대로 거둔다.」(まいたとおりに収穫する。)がある。

【メモ】

【제7과】

[본문 1]

- 필수품: 必需品
- 기기: 機器
- 통신망: 通信網
- 파일: ファイル
- 각종: 各種
- 거래: 取引
- 등장하다: 登場する
- 접속하다: アクセスする
- 모바일: モバイル
- 상호: 相互
- 포털 사이트: ポータルサイト
- 인터넷 뱅킹: ネットバンキング
- 금융: 金融
- 혁신: 革新
- 처리하다: 処理する
- 공유하다: 共有する

[본문 2]

- 보상: 補償
- 획득: 獲得
- 협동심: 協調心
- 익명성: 匿名性
- 폭언: 暴言
- 우울증: うつ病
- 오락: 娯楽
- 해소하다: 解消する
- 자극하다: 刺激する
- 거래하다: 取引する
- 건전하다: 健全だ
- 의식: 意識
- 성취감: 達成感
- 경쟁심: 競争心
- 가상: サイバー
- 수면: 睡眠
- 폭행: 暴行
- 심심찮다: 頻繁だ
- 수행하다: 遂行する
- 악용하다: 悪用する
- 적절하다: 適切だ

{ 考えてみましょう }

• みなさんは，インターネットで主に何をしますか。

{ 本文1 } インターネットと生活の変化

現代人にとって，コンピューターとスマートフォンは必需品となった。コンピューターで情報を検索し，Eメールを送り，ショッピングをする。最近は，スマートフォンのようなモバイル機器を使って，いつでもどこでもインターネットができるようになった。

コンピューターが登場して多くの情報を早く処理できるようになり，それとともにコンピューター相互間の情報交換のために通信網を開発した。この通信網の発達によって，全世界のコンピューターが一つのネットワークで結ばれ，インターネットが可能になった。

インターネットによって，私たちの生活には大きな変化が起きた。ポータルサイトで誰でも手軽に必要な情報を得ることができ，Eメールを書いたりファイルを送ったりする。デパートに行かず家でインターネットショッピングをし，銀行に行かなくてもネットバンキングで各種の金融取引ができる。また，ビデオチャットで遠くにいる人と顔を見ながら会話をする。

最近は，スマートフォンが広く普及して，時間と場所に関係なく，手軽にインターネットにアクセスできる。また，カカオトークのようなチャットアプリができて，無料でショートメールや音声メッセージを利用できるようになり，フェイスブックやツイッターのようなSNSを通じてリアルタイムで数多くの人々と情報を共有できるようになった。

私たちは，インターネットのおかげで，生活と情報の革新時代を生きている。もしインターネットがなかったら，私たちはどのような生活をしているだろうか。

｛考えてみましょう｝

- みなさんはオンラインゲームをしたことがありますか。したことのある人は，どのようなゲームをよくしますか。

｛本文2｝オンラインゲームの順機能と逆機能

最近，インターネットの発達によって，多くの人たちがオンラインゲームを楽しんでいる。インターネットカフェではほとんどの人がゲームを楽しんでおり，バスや地下鉄でも人々がスマートフォンでゲームをする姿をよく見かける。このように，誰でも一度くらいはインターネットでオンラインゲームをしたことがあるだろう。

それでは，人々はなぜオンラインゲームを楽しむのだろうか。

私たちはオンラインゲームを通じて他の人々とコミュニケーションする。ゲームをして楽しみ，ストレスを解消するのみならず，友だちと語らうこともできる。そして，ある課題を遂行すれば，レベルアップやアイテム獲得というそれなりの補償を得て，挑戦意識と達成感を感じるようになる。また，他人との協調心や競争心を刺激する課題が多いので，協同する楽しみがある。

しかし，オンラインゲームの流行とともに，多くの問題が生じた。サイバー空間は匿名性が保証されるため，この点を悪用して，暴言を吐く場合がある。また，過度に競争心を刺激し，ゲームアイテムを実際に現金で取引したりする。

特に，ゲーム中毒は，身体的・心理的・社会的に，さまざまな問題を引き起こす。一日じゅうオンラインゲームにはまって睡眠不足になったり，ゲームのせいでうつ病や精神的な問題が生じたりする。また，ゲーム上でけんかした相手を実際に訪ねて行って暴行する事件も発生した。

いまや，オンラインゲームは一つの娯楽文化として根づいた。健全な娯楽文化のために，私たちはどのような努力をすべきだろうか。

{ことわざ}

십 년이면 강산도 변한다.

(十年たてば，山や川も変わる。)

{풀이}

歳月が流れればすべてが変化するという意味を表すことわざである。

【メモ】

【제8과】

[본문 1]

- 아동: 児童
- 기금: 基金
- 구호: 救護
- 후원금: 支援金
- 위원회: 委員会
- 수도: 水道
- 인종: 人種
- 지원하다: 支援する
- 모금하다: 募金する
- 질병: 病気
- 긴급: 緊急
- 분유: 粉ミルク
- 사례: 事例
- 식량: 食糧
- 시설: 施設
- 시달리다: 苦しむ
- 설립되다: 設立される
- 실천하다: 実践する

[본문 2]

- 핵무기: 核兵器
- 지출: 支出
- 강경: 強硬
- 공단: 工団
- 협력: 協力
- 중단되다: 中断される
- 강화하다: 強化する
- 조성하다: 造成する
- 군사비: 軍事費
- 폐쇄적: 閉鎖的
- 정책: 政策
- 단지: 団地
- 양보: 譲歩
- 과도하다: 過度だ
- 추진하다: 推進する
- 정착되다: 定着する

{ 考えてみましょう }

- ユニセフをご存じですか。みなさんは誰かを支援する活動をしたことがありますか。

{ 本文1 } ユニセフ韓国委員会

全世界の18歳未満の児童の約半数が，貧困・病気・空腹に苦しんでいるという。食べるものがなくて飢え死にしてゆく子どもたちの姿は，生活の苦痛がいかに大変かを物語る。彼らには誰かの援助が切実に必要である。

ユニセフとも呼ばれる国連児童基金は，まさにこのような子どもたちを援助するための国際団体である。1950年に朝鮮戦争が起きるや，ユニセフは戦争で苦痛を受ける子どもたちのために緊急救護活動を始めた。その当時，ユニセフが韓国に支援した粉ミルク約6300万キログラムは，千万人の子どもたちが1年間一日一杯ずつ飲めるほど膨大な量だった。

ユニセフに毎月支援金を送っているおばあさんは，「60年前は，私もそうだった。戦争が起きて両親が亡くなり，食べるものも寝るところもなかったわ。ユニセフがくれた牛乳を飲んで空腹をしのいだの。だから，いまは私が毎月支援金を送っているのよ」と言う。韓国は，ユニセフから援助を受けていた国が援助を与える国に発展した初めての事例である。1994年に設立されたユニセフ韓国委員会では，多様な奉仕活動をしている。支援金を集め，空腹な子どもたちのために食糧を送り，病気の子どもたちのために薬を送る。また，水道施設を造ってきれいな水を飲めるようにし，学校を建てて教育を受けられるようにしている。

国籍・人種・理念・宗教などに関係なく援助を必要とする人を援助するのが，ユニセフの精神である。ユニセフ精神を実践することによって，病気や空腹で死んでゆく子どもたちの大切な命を救うことができる。多くの韓国人が，これに積極的に参加している。

｛考えてみましょう｝

• 韓国人は朝鮮半島の平和を維持するためにどのような努力をしているでしょうか。

｛本文2｝朝鮮半島の平和のための努力

韓国で暮らしたことのない外国人は，韓国が危険な国と思ったりする。それは，北朝鮮と戦争が終わったわけではなく，中断した状態だからである。

分断状況は，韓国人が解決すべき宿題として残っている。北朝鮮は，経済危機・食糧危機に見舞われながらも，核兵器を開発するなど軍事費を過度に支出して，閉鎖的な政治体制を変えていない。また，韓国も北朝鮮に対する経済支援を中断するなど，強硬政策を用いたりもした。このようなことが，韓国と北朝鮮の緊張を高めている。

しかし，朝鮮半島の平和のための努力も続けられている。韓国は，「強硬政策」と反対の「太陽政策」を展開したりもした。「太陽政策」という言葉の中には，冬の旅人のコートを脱がせるのは強い風ではなく温かい日差しであるという意味が込められている。太陽政策の結果，韓国と北朝鮮の指導者が平壌で出会い，朝鮮半島の平和について議論したこともある。また，韓国と北朝鮮は互いに経済協力もしている。1998年から推進している北朝鮮金剛山一帯の観光事業や，2000年に韓国と北朝鮮が共同で産業団地を造成した開城工団事業が，その例である。このような南北の平和的協力関係が発展しつづけることを期待する。

政治的であれ経済的であれ南北間の交流が多くなるほど，朝鮮半島に平和が定着する可能性も高まるであろう。平和のためには，韓国と北朝鮮双方の努力と譲歩が必要である。また，隣国が朝鮮半島の平和はすなわちアジアの平和であり世界の平和であると考えられるよう，外交的努力も続けなければならない。

{ ことわざ }

이웃이 사촌보다 낫다.
(隣人のほうがいとこよりましだ。)

{ 풀이 }

このことわざは，近くに住む隣人のほうが遠くに住む親戚よりましだという意味を表す。よく会う人のほうが情もわくし，援助したりされたりするのも容易だからである。似た言葉として，「가까운 남이 먼 일가보다 낫다.」(近くの他人のほうが遠くの一家よりましだ。)がある。

【メモ】

【제9과】

［본문 1］

・결핵： 結核
・영양： 栄養
・위생： 衛生
・뇌염： 脳炎
・서구화： 西欧化
・당뇨： 糖尿
・혈관： 血管
・간： 肝臓
・아토피： アトピー
・감염되다： 感染する
・심화되다： 深刻化する
・퍼지다： 広がる
・폐허： 廃虚
・면역력： 免疫力
・콜레라： コレラ
・전염병： 伝染病
・암： ガン
・뇌： 脳
・심장： 心臓
・천식： ぜんそく
・밀접하다： 密接だ
・눈부시다： 目ざましい
・섭취하다： 摂取する
・유행하다： 流行する

［본문 2］

・권장량： 推奨量
・섭취량： 摂取量
・고혈압： 高血圧
・손상： 損傷
・규칙적： 規則的
・발표하다： 発表する
・흡수하다： 吸収する
・조절하다： 調節する
・낮추다： 下げる
・나트륨： ナトリウム
・혈압： 血圧
・기관： 器官
・뇌출혈： 脳出血
・수치： 数値
・충분하다： 十分だ
・민감하다： 敏感だ
・포함되다： 含まれる

{ 考えてみましょう }

- みなさんがよくかかる病気は何ですか。その理由を考えてみましょう。

{ 本文1 } 韓国人によく生じる病気

人間は誰でも，生きてゆく間に病気で苦痛を経験するものである。病気は，個人の属する社会・文化・自然環境とも密接な関係がある。では，韓国人は，時代別に，どのような病気で苦痛を受けてきたのだろうか。

1950年代には結核患者が多かった。その当時，韓国社会は，戦争後，廃虚になって食べるものがなく， 人々が十分な栄養を摂取できなかった。それで， 多くの人たちが免疫力が大きく落ちて，結核菌に簡単に感染した。1960年代から1970年代にかけては韓国の産業化が進行したが， 個人の衛生までかえりみる余裕がなかった。この時期にはコレラや脳炎のような伝染病による被害が多かった。

1980年代以降，韓国の経済は目ざましく発展し，都市の人口も大きく増加した。このような過程の中で食生活と生活方式が西欧化し，それによって，ガン，糖尿，脳血管疾患，心臓と血管の疾患，肝臓疾患で死亡する人たちが増えた。特に，韓国では中年男性の死亡率が非常に高いほうであるが，これはビジネスパーソンが職場で受けたストレスを多様な文化生活で解消するよりも飲酒や喫煙などによって解消するためである。そして，韓国が産業化過程を経る中で環境汚染が深刻化し，免疫力の弱い人たちの間にぜんそくやアトピーなどが急速に広がった。

人間は病気にかからず生きていくことはできない。また，時代ごとに流行する病気がある。だが，医学が発達し，経済レベルも高まり，発病率を低くすることができるようになった。さらに今後は100歳まで生きられるだろうとも言われている。人間の寿命が延びるのも重要だが，病気をしないで幸せに暮らすのがより重要なことである。

{ 考えてみましょう }

- みなさんは塩辛い食べ物を食べるほうですか。あるいは，薄味の食べ物を食べるほうですか。私たちの健康と塩の摂取量にどのような関係があるか考えてみましょう。

{ 本文2 } 高血圧を引き起こす塩

韓国人の好きなほとんどの食べ物には，世界保健機関(WHO)の定めた一日推奨量(2,000mg)以上または一日推奨量に近い塩分が入っている。

韓国の保健福祉部では，「ナトリウム摂取量を15%減らしたほうが，喫煙人口を20%減らすより，心血管疾患の予防に効果的という研究結果もある」と発表したことがある。ナトリウムを摂取しすぎるとそれだけ健康に悪いということである。

人体の血液にはナトリウムが約0.9%含まれている。その量を維持するためには，一日に約2gの塩さえ摂れば十分である。それ以上摂取すると，ナトリウムが血管の中に水分を吸収し，その結果，血圧が高くなる。高血圧状態が続けば脳などの敏感な器官に損傷が生じる可能性があり，心臓が働きすぎて弱くなることもありうる。それで，心臓に問題が生じたり脳出血などの疾患にかかったりして死に至ることもあるのである。

高血圧を予防するためには，規則的な運動も必要だが，塩の摂取量を調節することが最も重要である。特に韓国人が最も好んで食べるキムチ類やみそ類にはナトリウムがたくさん含まれているので，生野菜を一緒に食べるなどの方法でナトリウムの数値を下げなければならない。

日常生活の中で，味よりも健康を考え，塩の摂取量を調節することが必要である。

{ ことわざ }

아니 땐 굴뚝에 연기 날까?
(火をたいていない煙突に煙が出ようか。
: 火のないところに煙は立たず。)

{ 풀이 }

すべてのことにはその原因があるということを表すことわざであり，主にあるうわさが立つにはそれなりの理由があるという意味で使われる。似たことわざとして「뿌리 없는 나무에 꽃이 필까?」(根のない木に花が咲こうか。)がある。

【メモ】

【제10과】

[본문 1]

- 청년층: 青年層
- 낭만: ロマン
- 인턴십(internship): インターンシップ
- 공무원: 公務員
- 응시: 受験
- 제한: 制限
- 안정적: 安定的
- 중요시하다: 重要視する
- 실업률: 失業率
- 토익(TOEIC): TOEIC
- 실무: 実務
- 비중: 比重
- 연령: 年齢
- 취업난: 就職難
- 활짝: ぱっと
- 한정되다: 限られる

[본문 2]

- 고용: 雇用
- 소셜 큐레이터: ソーシャル・キュレーター
- 보존: 保存
- 에코: エコ
- PD: PD
- 전달자: 伝達者
- 적성: 適性
- 관련되다: 関連する
- 탄생하다: 誕生する
- 정보원: 情報院
- 수집: 収集
- 홍보: 広報
- 제품: 製品
- 콘텐츠: コンテンツ
- 소재: 素材
- 친환경적: 環境に優しい
- 전파하다: 伝播する

{ 考えてみましょう }

- みなさんは，将来どのような職場に勤めたいですか。その職場に就職するためにどのような準備をしなければならないでしょうか。

{ 本文1 } 青年失業と就職難

最近，韓国の経済状況が厳しく，就職するのが簡単ではないという。特に青年層の失業率がだんだん増加し，就職がますます難しくなっている。

大学生の場合，かつては大学生活のロマンを十分に楽しんで就職の準備をしても大きな問題がなかった。しかし，最近は，大学に入学すると同時に，就職の準備を始める学生たちが増えた。したがって，大学では，就職に有利な学科や専攻に学生たちが集中し，就職に関連する科目やプログラムがたくさんできた。

このような状況の中で，大学生たちは企業に就職するためにいろいろ努力している。中でも，TOEICなど英語関連の資格のために準備するのが，最も比重が高い。そして，自分が就職しようとする分野に関連する資格を取得したりインターンシップ制度に参加したりするなど，多くの努力をしている。その理由は，韓国の企業では英語力と実務能力を重要視するからである。

そして，公務員採用試験を受けるために準備する学生たちの比重も大きく高まった。その理由は，受験するのに年齢制限がなく，安定して長く働けるという長所のためである。

いまは，就職難が解消される見込みがさほど明るくない状況である。経済状況が厳しいだけでなく，働き口は限られており，働こうとする人はだんだん増えるからである。しかし，将来，就職の門戸が大きく開く日の来ることを期待する。

｛考えてみましょう｝

• みなさんの国で最も人気のある職業は何ですか。その理由は何ですか。

｛本文2｝多様な職業の世界

世の中には数多くの職業があり，新しい職業が登場しつづけている。韓国雇用情報院(www.keis.or.kr)によると，最近はSNS・環境・文化などの分野に関連する職業が人気を博しているという。

SNS時代になって，「ソーシャル・キュレーター」という職業ができた。キュレーターとは，もともと，美術館や博物館で作品の収集・保存と広報のために仕事をする人である。SNSの利用者たちは数多くの情報の中から自分の望む情報を集めるのだが，ソーシャル・キュレーターは人々が楽に簡単にそれを利用できるようにする仕事をする。

環境に関連する新しい職業としては「エコ製品デザイナー」がある。彼らのする仕事は，捨てられたもので新しい製品を作ることである。また，環境に優しい製品をデザインしたりする。

文化に対する関心が高まって「文化PD」という職業も現れた。彼らは韓国の文化コンテンツを映像として制作し伝播する1人の文化伝達者として，地域の文化・歴史・観光・芸術・祝祭などを素材に広報映像を作る仕事をする。

時代が変わって，以前は想像もできなかった多くの職業が誕生した。いまどのような職業が人気があるか，今後はどのような職業が新しくできるか，考えてみよう。このような状況の中で，どのような職業が自分の適性や能力に合っているか，考えてみる必要がある。

{ことわざ}

새도 가지를 가려서 앉는다.

(鳥も枝を選んで止まる。)

{풀이}

このことわざは，友だちとつきあったり職業を選択したりするときに，よく考えて判断しなければならないという意味を表す。

【メモ】

【제11과】

[본문 1]

- 다문화: 多文化
- 산업화: 産業化
- 노동력: 労働力
- 공존: 共存
- 이민자: 移民
- 전환하다: 転換する
- 운영하다: 運営する
- 펼치다: 展開する
- 요인: 要因
- 단일: 単一
- 인력: 人力
- 혈통: 血統
- 실시하다: 実施する
- 설치하다: 設置する
- 극복하다: 克服する

[본문 2]

- 가구: 世帯
- 통계청: 統計庁
- 개인화: 個人化
- 저하: 低下
- 동일시: 同一視
- 조부모: 祖父母
- 유대감: つながり
- 고독: 孤独
- 격려: 励まし
- 드물다: まれだ
- 나홀로족: 独り暮らし族
- 비율: 比率
- 출산율: 出産率
- 고령화: 高齢化
- 경향: 傾向
- 정서적: 情緒的
- 심지어: 甚だしくは
- 현상: 現象
- 홀로: 一人で
- 이동하다: 移動する

{ 考えてみましょう }

• みなさんが韓国に来て感じた文化的相違について考えてみましょう。

{ 本文1 } 多文化社会

韓国社会は急速に多文化社会になりつつある。多文化社会とは，諸民族の文化が共存する社会をいう。国際結婚・外国人留学生・外国人労働者の増加は，韓国が多文化社会になる重要な要因となった。

産業化によって人口が都市に集中し，都会の女性は農村に嫁に行きたがらなかったため，多くの農村の男性が国際結婚を選択した。統計庁によると，2011年の外国人との婚姻は，婚姻(329,087件)全体の9.0%を占めるという。

韓国はこれまで，豊富な労働力をもとに経済成長を成してきた。しかし，現在は，労働力不足と人口高齢化によって，労働力を海外から輸入する国家となった。不法滞在者まで含めると，国内の外国人労働者は2007年にすでに50万人を超えている。今後も，外国人労働者数はだんだん増加するものと見られる。また，韓国の経済的・文化的レベルが高まり，韓国に関心を持って韓国の文化や技術を学ぼうという留学生の数も増えつづけている。

韓国人は伝統的に血統中心の単一民族を維持してきたが，いまや，異なる肌の色や文化を持った人々と和合して生きてゆかなければならない。多様な文化に対する開かれた考えを持つようにする教育を小学校から実施しているのだが，これは時代に合うように思考を転換する努力が必要なためである。

政府では，各地域に多文化センターを設置・運営している。多文化センターでは，結婚移民者が韓国と母国の文化的相違を克服し韓国で定着できるように，無料で韓国語を教育するなど，多様な支援をしている。政府がこのような支援を展開するのは，多文化社会になるためには個人の態度も重要だが，国家の制度と政策も重要だからである。

{考えてみましょう}

• 1人世帯の増加のために生じた社会的問題と, 家族の意味について, 考えてみましょう。

{本文2} 1人世帯の増加

家族がいないか, 家族がいても一人で暮らす「独り暮らし族」が増えている。統計庁によると, 去る20年間, 1人世帯の比率は1990年の9.0%から2010年の23.9%に増加したという。数値上で見ると, 4世帯のうち1世帯が1人世帯という計算である。都市部では未婚1人世帯の比率が高い反面, 農村では老人1人世帯の比率が高い。

「独り暮らし族」とも呼ばれる未婚1人世帯の増加は, 韓国社会が急速に個人化していることを示す。未婚1人世帯の増加は出産率の低下につながり, 出産率の低下は韓国社会が高齢化しつつあることを意味する。家族と世帯は同一の概念ではないが, 独り暮らし族を含めた若い世代は, おおむね家族と世帯を同一視する傾向を見せる。一緒に住んでいるわけでもなく会う機会もあまりない祖父母とは, 家族という情緒的つながりがほとんどない。さらには, 両親とのきずなもあまり深くない場合が多い。彼らは自由を得たかわりに, 家族との関係が疎遠になり, 孤独に暮らす場合が多い。

1人世帯を成している老人を「独り暮らしの老人」ともいう。独り暮らしの老人は, 独り暮らし族と違って, みずから望んで一人で暮らす場合はまれである。ほとんどの子どもが新しい働き口と教育施設を求めて都市に移動し, 老人たちは農村に残ることで, 生じた現象である。

現代人の孤独は, 家族の意味について再考させる。世事に疲れたとき最も大きな力になるのは, 何よりも家族の愛と励ましである。

{ ことわざ }

살아가면 고향.
(住めば故郷。: 住めば都。)

{ 풀이 }

心を寄せて長く住んでみれば，どこでも，故郷のように情がわくという意味で使われることわざである。似たことわざとしては，「타향도 정들면 고향.」(他郷も情がわけば故郷。)がある。

【メモ】

【제12과】

[본문 1]

- 불감증: 不感症
- 흔적: 跡
- 블랙박스(black box): ブラックボックス
- 주의력: 注意力
- 대책: 対策
- 자칫하면: ややもすると
- 빚다: 招く
- 선명하다: 鮮明だ
- 팔리다: (気を)取られる
- 자제하다: 控える
- 참사: 惨事
- 인도: 歩道
- 목격자: 目撃者
- 예측: 予測
- 미처: つい
- -경: -ごろ
- 숨지다: 亡くなる
- 판독하다: 判読する
- 사망하다: 死亡する

[본문 2]

- 신종: 新手
- 범죄: 犯罪
- 악성 코드: 悪性コード
- 결제: 決済
- 공지: 告知
- 팝업창: ポップアップ
- 속임수: (だます)手口
- 진화하다: 進化する
- 바닥나다: 底をつく
- 당부하다: 頼む
- 사기: 詐欺
- 수법: 手口
- 소액: 少額
- 보안: 保安
- 입력: 入力
- 잔고: 残高
- 링크(link): リンク
- 교묘하다: 巧妙だ
- 뻔하다: 明らかだ

{ 考えてみましょう }

• 最近ニュースや新聞などで見た事件や事故について，話してみましょう。

{ 本文1 } 安全不感症が呼んだ交通事故

アンカー：最近，スマートフォンを使いながら道を歩いている人が多いですね。今日午前，スマートフォンを見ながら道を歩いていた一人の青少年がトラックにはねられる事故が発生しました。無分別なスマートフォン使用が招いた惨事です。このニュース，パク・キボム記者がお伝えします。

記者：釜山のとある中学校の近くの登下校路です。道の真ん中に，交通事故の跡が鮮明に残っています。今日午前8時20分ごろ，16歳の朴某君が，トラックにひかれて亡くなりました。朴君は登校中にこのような事故にあい，病院に運ばれましたが，命を失ってしまいました。ここは車道と歩道が区分されていない道であるうえ，近くに学校が多いため，学生たちが多く行き交います。警察がブラックボックスの映像を判読した結果，朴君がスマートフォンを使っていて，反対側から来る車に気がつかなかったものと確認されました。

目撃者：前から車が来ているのに，よけようとしないんですよ。学生が携帯電話に気を取られて……。

記者：先月も同じ場所で，イヤホンをしたまま道を歩いていた学生が，車にひかれて死亡した事故がありました。道を歩くときに，イヤホンをして音楽を聞いたりスマートフォンを見たりしていると，注意力が分散し，危険を予測する能力が落ちます。それで，ややもすると，このような大きな事故につながる可能性があるのです。このような事故を予防するためには，運転中や歩行中にイヤホンやスマートフォンを使うことを控えなければなりません。時と場所をわきまえないスマートフォンの使用，いまこそ政府が積極的な対策を立てるべきときです。KBCニュース，パク・キボムです。

｛考えてみましょう｝

• 他人にだまされて被害を受けた経験を話してみましょう。

｛本文2｝新手の詐欺手口，ファーミングとスミッシング

フィッシング犯罪が急増している。「フィッシング(phishing)」とは個人情報(private data)と釣り(fishing)の合成語で，他人の個人情報を盗んで金融詐欺に利用する詐欺手口を意味する。初期のフィッシング犯罪は電話を利用した「ボイスフィッシング」の形で現れた。しかし，最近は，フィッシング犯罪が急速に進化している。偽のホームページに個人情報を入力するように誘導する「ファーミング(pharming)」や，携帯電話にメッセージを送りつけ悪性コードに感染させて少額決済の被害を与える「スミッシング(smishing)」など，詐欺手口が日増しに巧妙になっている。

先月，ソウルに住む金某氏(30)は，ネットバンキングをしようと，普段利用していた銀行のサイトにアクセスした。だが，金氏がアクセスしたホームページはフィッシングサイトだった。それに気づかなかった金氏は，保安レベルを強化するようにというホームページの告知にしたがって，口座番号，暗証番号，保安カードにあるコード表の数字を入力した。保安強化作業とネットバンキングを終えると，すべての作業が正常に処理されたというポップアップが表示された。何日か後に，金氏は，自分も知らないうちに通帳の残高がゼロになっていたことを知った。

先週には，釜山に住む李某氏(25)が，一通のショートメッセージを受け取った。そのメッセージには，無料クーポンを提供するという内容とともに，あるサイトのURLが一緒にリンクされていた。李氏は何も疑わずリンクされたURLをクリックした。翌月，李氏は，携帯電話少額決済でお金が引き出されたことを知った。

「目を開けていても鼻を切っていく」という言葉がある。「馬鹿みたいに，こんなあからさまな手口になぜだまされるんだろう?」と思っていたら，知らないうちに自分も被害にあってしまうのが，まさにフィッシング犯罪である。このような被害を防止するために，金融監督院では国民に対して各種のフィッシング詐欺にあわないように注意することを呼びかけた。

{ ことわざ }

돌다리도 두들겨 보고 건너라.

(石の橋も叩いてみて渡れ。: 石橋を叩いて渡る。)

{ 풀이 }

よく知っていることでも十分に注意をするようにという意味で使われることわざである。似たことわざとしては「아는 길도 물어 가랬다.」(知っている道も尋ねて行けという。)がある。

【メモ】

【제13과】

[본문 1]

- 언론: 言論
- 매체: メディア
- 인쇄: 印刷
- 전파: 電波
- 해설: 解説
- 정기 간행물: 定期刊行物
- 조간: 朝刊
- 석간: 夕刊
- 주기: 周期
- 주간지: 週刊誌
- 월간지: 月刊誌
- 기사: 記事
- 댓글: コメント
- 대표적: 代表的
- 뜻하다: 意味する
- 신속하다: 迅速だ
- 발행되다: 発行される
- 발간되다: 刊行される

[본문 2]

- 제공: 提供
- 주장: 主張
- 메신저: メッセンジャー
- 토론 방: 討論サイト
- 논란거리: 話題
- 동영상: 動画
- 공유: 共有
- 제약: 制約
- 여론: 世論
- 대중: 大衆
- 제시하다: 提示する
- 벌이다: 繰り広げる
- 참여하다: 参加する
- 제작하다: 制作する
- 진행하다: 進行する
- 유용하다: 有用だ
- 앞다투다: 先を争う
- 힘입다: 負う

{ 考えてみましょう }

• みなさんは，新聞やインターネットなどで，主にどのような記事を見ますか。

{ 本文1 } 印刷メディアの種類と特性

メディアとは，言論活動のために利用する，さまざまな道具や方法などを意味する。このようなメディアには，メディアの種類によって，新聞や雑誌などの印刷メディア，テレビやラジオなどの電波メディア，インターネットなどのマルチメディア等がある。

印刷メディアで最も代表的なものは，新聞と雑誌だといえよう。新聞は，社会で発生した事件に関する事実や解説を広く迅速に伝達するための定期刊行物である。新聞は一般的に毎日発行され，政治・経済・社会・文化・スポーツ・芸能・事件・事故など，私たちの社会で起きる大小さまざまな出来事を，多くの人たちに知らせる。新聞は，お金を払って読むかどうか，いつ刊行されるか，どの地域で刊行されるかによって，有料新聞と無料新聞，朝刊新聞と夕刊新聞，中央紙と地方紙などに分けられる。

雑誌は，さまざまな内容の文章を集めて，特定の名称で，一定の間隔を置いて定期的に発行される刊行物である。発行周期によって，週刊誌や月刊誌などに分けられる。また，内容によって，経済に関する内容，趣味に関する内容，科学や医学などの専門的な内容，女性に関する内容を収録したものなどがある。

このような印刷メディアには，単一方向的な特性がある。すなわち，人々はメディアを通じて情報に接することができるだけで，自分が情報を提供したり自分の意見を直接表現したりすることはできないということである。

しかし，最近は，印刷メディアを通じて記事を見るより，コンピューターやスマートフォンで新しい記事に接することのほうが多い。そして，ネット民は，その記事についてコメントし，共感や反対の意見を表現できるようになった。

｛考えてみましょう｝

• みなさんは，インターネット討論サイトやインターネットサイトなどに自分の意見を書いたことがありますか。

｛本文2｝マルチメディアの双方向的特性

インターネット環境が発達することで，誰でも情報を提供し，伝達できるようになった。インターネットポータルサイトなどを通じて，　あるテーマに関する自分の考えや主張を公開できる。メッセンジャーや討論サイトなどがその代表的なものであり，　さまざまな情報や他の人の意見について直接自分の意見を提示できる。

SNS，フェイスブック，ツイッターを通じてさまざまな話題に関する自分の考えや意見をリアルタイムで提示し，他の人々と討論を繰り広げることができるようにもなった。また，YouTubeのような無料動画共有サイトが登場し，情報の生産と共有に参加できるようになった。

そして，個人や団体がインターネットを通じて直接制作・進行する放送を流せるようになった。例えば，「アフリカテレビ」「インライブ」「パンドラテレビ」などのインターネットテレビ放送，「出入り口の香り」「ロカ・イン・ラジオ」「恵化洞9時半」などのインターネットラジオ放送がある。

最近は，スマートフォンのようなモバイル機器が広く普及している。これによって，個人や企業がモバイル機器で利用できる有用でおもしろいアプリを先を争って開発している。

これらはすべて，コンピューターとインターネットの発達，および，それによるさまざまな活用道具の発達によるものである。このようなメディアを通じて，人々は時間と空間の制約を受けず直接情報を生産・共有することで世論を形成できるようになった。すなわち，メディアの発達によって，大衆が双方向のコミュニケーションができるようになったことを意味する。

{ことわざ}

쌀은 쏟고 주워도 말은 하고 못 줍는다.
(米はこぼして拾えても，言葉は言って拾えない。)

{풀이}

このことわざは，何か言うとき，他人を傷つけないように，深く考えて言わなければならないという意味を表す。似たことわざとしては「살은 쏘고 주워도 말은 하고 못 줍는다.」(矢は放って拾えても，言葉は言って拾えない。)がある。

【メモ】

【제14과】

[본문 1]

- 선거권: 選挙権
- 임기: 任期
- 투표: 投票
- 지역구: 地域区
- 무소속: 無所属
- 주권: 主権
- 정통성: 正統性
- 채택하다: 採択する
- 행사하다: 行使する
- 직선제: 直接選挙制度
- 중임: 重任
- 득표율: 得票率
- 정당: 政党
- 단체장: 団体長
- 정권: 政権
- 선출하다: 選出する
- 치르다: 行う
- 부여하다: 付与する

[본문 2]

- 독재: 独裁
- 절차: 手続き
- 장갑차: 装甲車
- 시위: デモ
- 평화적: 平和的
- 저항하다: 抵抗する
- 혼란스럽다: 混乱している
- 항의하다: 抗議する
- 기원하다: 祈願する
- 민중: 民衆
- 집회: 集会
- 현행: 現行
- 옥외: 屋外
- 비폭력적: 非暴力的
- 과격하다: 過激だ
- 부여받다: 付与される
- 확산되다: 拡散する

{ 考えてみましょう }

- みなさんの国では，政治指導者をどのように選びますか。

{ 本文1 } 韓国の選挙制度

韓国で政治家を選ぶ選挙には，大統領選挙・国会議員選挙・地方選挙がある。満19歳以上の大韓民国国民であれば，誰でも選挙権がある。

大統領を選出する方式は国民が直接大統領を選ぶ直接選挙制度を採択しており，大統領の任期は5年で，重任できない。2012年12月19日に，第18代大統領を選ぶために国民が投票をした。セヌリ党の朴槿恵(パク・クネ)大統領候補が51.6%，民主統合党の文在寅(ムン・ジェイン)大統領候補が48.0%の得票率を示した。これによって，朴槿恵候補が第18代大韓民国大統領に選出された。

国会議員選挙は4年単位で行い，投票者は地域区と政党にそれぞれ1票ずつ計2票を行使できる。2012年に第19代国会議員選挙が行われたが，その結果は，セヌリ党152議席，民主統合党127議席，統合進歩党13議席，自由先進党5議席，無所属が3議席であった。

大韓民国の地方選挙は，地方自治団体長と地方議会議員選挙に分けられる。地方選挙では，自分が住む地域の代表者である市長や市議員などを直接選出する。2010年に実施した第5回地方選挙に続き，2014年6月4日には第6回選挙を行った。

「選挙は民主主義の花」という言葉がある。国民は選挙で主権を行使することによって民主主義を実現し，その結果として政権に正統性を付与する。このような点で，選挙権は，民主主義国家の国民が行使できる大切な権利である。

｛考えてみましょう｝

• 市民が集団的に意思を表現するとき，どのような方法でするか考えてみましょう。

｛本文2｝ろうそく集会

韓国が民主化するまでには，独裁政権に抵抗する数多くの民衆たちの努力があった。特に1960～1980年代の軍事政権期には過激な抵抗をする傾向があったが，当時はそうせざるをえないほど混乱した状況だった。

過去と違って，政府が民主的な手続きを経て正統性を付与されてからは，国民が政権に抵抗する方法が変化しはじめた。政治的重要性に応じて，可能な限り，平和的で非暴力的な方法を使用するようになったのである。

最近，韓国国民が意思を表現する代表的な方法として，ろうそく集会がある。この集会は，2002年6月に女子中学生が米軍の装甲車にひかれて死んだとき，駐韓米軍と韓国政府に抗議するために開かれた。そして，2008年5月には，10代の女子学生たちがアメリカ産牛肉の輸入に反対する「ろうそく文化祭」を開いて，全国へと拡散した。この集会は平和的に行われ，大学生だけでなく，会社員や乳母車を押す主婦など，多くの人たちが参加した。

現行の「集会およびデモに関する法律」では日没以降の屋外集会やデモを禁止しているが，ろうそく集会は一つの文化的な行事として認められるため許容されている。

ろうそくはみずからを燃やして周囲を明るくするが，そよ風にも揺れて，消えやすい。だが，多くの人が集まれば，その火は簡単に消えない。今後も，よりよい世の中を夢見る人たちがろうそくを持って祈願するであろう。

{ ことわざ }

민심은 천심.
(民心は天心。)

{ 풀이 }

このことわざは民の心がすなわち天の心だという意味であり, 民の意思を無視できないことを表す。似たことわざとして「백성 입 막기는 내 막기보다 힘들다.」(民の口を封じるのは, 川の流れをせき止めるよりも難しい。)がある。

【メモ】

【제15과】

[본문 1]

- 불교: 仏教
- 개신교: プロテスタント
- 천주교: カトリック
- 신자: 信者
- 자비: 慈悲
- 교리: 教理
- 무교: 無宗教
- 개화기: 開化期
- 교파: 教派
- 구성비: 構成比
- 박해: 迫害
- 인정: 認定
- 갈등: 葛藤
- 화합: 和合
- 갖은: さまざまな
- 궁극적: 究極的
- 비로소: はじめて
- 꼽다: 挙げる
- 삼다: (～と)する
- 전파되다: 伝わる
- 차지하다: 占める
- 추구하다: 追求する

[본문 2]

- 점: 占い
- 길흉화복: 吉凶禍福
- 사주: 四柱推命
- 궁합: 相性
- 관상: 観相
- 수상: 手相
- 생김새: 風体
- 운명: 運命
- 수명: 寿命
- 운수: 運
- 손: 厄
- 연초: 年の始め
- 운세: 運勢
- 불확실성: 不確かさ
- 불안감: 不安
- 세태: 世相
- 추세: 趨勢
- 천막: テント
- 타로(tarot): タロット
- 택하다: 選ぶ
- 물리치다: 追い払う
- 근거하다: もとづく
- 반영하다: 反映する
- 개척하다: 開拓する

{ 考えてみましょう }

- みなさんはどのような宗教を信じていますか。みなさんの国にはどのような宗教を信じる人が多いですか。

{ 本文1 } 韓国の多様な宗教

統計庁が実施した最近の調査によると，現在，韓国人の約54%が宗教を信じているという。信者数の比率によって韓国の3大宗教を挙げるとすれば，「仏教，プロテスタント，カトリック」の順である。これらはみな，他の国と交流が活発になって入ってきた外来の宗教である。

仏教は三国時代(4世紀の初めから7世紀の半ばにかけて，高句麗・百済・新羅の三国が鼎立した時代)に中国を通じて伝わり，悟りを得ることと慈悲を実践することを教理とする。信者の比率は全宗教信者の47%を占める。また，無宗教の人たちが最も好感を感じる宗教は仏教だという。宗教的な文化遺産の中では仏教に関連するものが最も多いのみならず頻繁に接することがあるので，韓国人にとって伝統的な宗教といえる。

現在，信者の比率が36.8%のプロテスタントは，1885年に仁川から宣教が始まった。諸教派があるが，隣人を愛しなさいという教えは共通である。他の宗教に比べて，プロテスタントは特に30代以下の若い層の構成比が72%と非常に高い。

一方，カトリックは，プロテスタントよりも100年ほど早く伝わった。さまざまな迫害を受けてきたが，19世紀末の開化期にはじめて，宗教として認められるようになった。カトリックは，韓国の近現代史で社会問題などに積極的に参加してきた。統計上の信者の比率は全宗教信者の13.7%を占める。

このように韓国には多様な宗教があり，しばしば葛藤が生じたりもする。したがって，2013年6月，「他のものも美しい」という主題で第3回全国宗教者和合大会が大田で開かれた。たとえ宗教は違っていても，追求する究極的な目的はあまり変わらない。他の宗教を認めつつ各宗教の教えを実践してゆくとき，真の和合を成すことができるだろう。

｛考えてみましょう｝

• みなさんは，未来について気がかりや心配なことがあるとき，どうしますか。

｛本文2｝韓国の占い信仰

韓国人は，結婚したり引っ越ししたりする前に，吉日を選ぶために占いをすることが多い。占いとは，将来の吉凶禍福を前もって判断し，災いを追い払い，福を呼び寄せようという目的で行うことをいう。

人々がする主な占いとしては，四柱推命・相性・観相・手相などがある。四柱推命は，生まれた年月日時にもとづいて，人の運命を見るものである。結婚する前に運勢を見て夫婦の仲がよいか悪いかを前もって見るのが，相性占いである。そして，観相とは，人の風体や顔立ちを見て，その人の運命・性格・寿命などを判断するものである。手相占いは，手の形や手相を見て，その人の運や吉凶を判断するものである。

一方，引っ越しをする際には，「厄のない日」を選んで引っ越しをしようとする人が多い。他のところへ引っ越して，もしかすると未来に生じるかもしれない不幸を，未然に防ぎたいからである。また，重要な試験を受ける前には，今回合格できるかどうかを尋ねたりもする。そして，年の始めには，その年の運勢がどうかを見たりする。このように占いをするのは，すべて，未来に対する不確かさや不安のためである。

このような世相を反映するように，時間が経つほど占い屋が増える趨勢である。人々がよく占いをしてもらうところとしては，看板を掲げて営業する占い屋，路上のテント占い，インターネットサイト，電話サービス，四柱推命カフェなどがある。最近は，若者たちが興味本位でタロット占いをしたりもする。また，ほとんどの新聞には「今日の運勢」欄があり，一日の運勢を前もって知らせたりもする。

未来は不確かである。だとしても，占いに頼るよりも，自分の運命は自分自身で切り開いてゆくべきなのではないだろうか。

{ ことわざ }

지성이면 감천이다.

(至誠は感天である。: 至誠は天に通ず。)

{ 풀이 }

真心を尽くせば天も感動するという意味であり, 真心を尽くせば, 非常に困難な問題でも簡単に解決し, よい結果を得るという意味のことわざである。似たことわざとしては,「정성이 지극하면 돌 위에도 풀이 난다.」(真心が極まれば, 石の上にも草が生える。)がある。

【メモ】

[부록 3]

한일 어휘 대조

(ㅇ)

著者紹介

・羅燦淵：釜山大学 文学博士. 慶星大学 国語国文学科 教授.
・梁恂任：釜山大学 文学博士. 慶星大学 国語国文学科 招聘外来教授.
・権貴淑：釜山大学 博士課程 修了. 慶星大学 国語国文学科 外来教授.
・車度鉉：釜山大学 博士課程 修了. 蔚山大学 国際交流院 客員教授.
・金文基：釜山大学 文学博士. 東亜大学 国語国文学科 助教授(講義専担).
・金美愛：慶星大学 博士課程. 慶星大学 韓国語学堂 講師.

＊ホームページ：「ピョリ韓国語学堂(http://byeori.net)」では, 韓国語教育に関連するマルチメディア学習資料をオンラインにて提供しています。そして,「学校文法教室(http://scammar.com)」では, 韓国語文法の内容に関連する質問ルームを運営しています。

＊電子メール：ncy@ks.ac.kr

＊代表電話：ピョリ韓国語学堂. 051-663-4212

＊事務室：608-736 釜山広域市 南区 水営路 309(大淵洞)
慶星大学 人文館 111号, 羅燦淵 教授 研究室

訳者紹介

・吉本 一
・釜山大学校 文学博士
・現) 東海大学 外国語教育センター 准教授
ソウル大学校 国語教育研究所 客員研究員

・著書：『みんなの韓国語1・2』(共著: 白帝社),『韓国語へのとびら』(共著：朝日出版社) ほか多数
・訳書：『実用韓国語文法 ― 初級・中級・上級』(共訳：多楽園)ほか多数
・論文：「植物としての言葉」,「食物としての言葉」,「生物としての言葉」,「動物としての言葉」ほか多数

시사 한국어 일본어판

초판 인쇄 • 2014년 10월 16일　초판 펴냄 • 2014년 10월 20일

지은이 • 나찬연 외 / 옮긴이 • 吉本一 / 펴낸이 • 박성복

펴낸곳 • 도서출판 月印

서울특별시 강북구 노해로25길 61(수유2동 252-9)

등록 • 제6-0364호 / 등록일 • 1998년 5월 4일

대표전화 • (02) 912-5000 / 팩스 • (02) 900-5036

e-mail : worinnet@hanmail.net

http://www.worin.net

ISBN 978-89-8477-574-9　93710

값 8,000원

☞ 잘못된 책은 구입하신 서점이나 본사에서 바꾸어 드립니다.

時事韓国語 日本語版

初版印刷 • 2014年10月16日　初版発行 • 2014年10月20日

著者 • 羅燦淵 ほか / 訳者 • 吉本一 / 発行者 • 朴成福

発行所 • 図書出版 月印

ソウル特別市 江北区 蘆海路25길 61(水踰2洞 252-9)

登録 • 第6-0364号 / 登録日 • 1998年5月4日

代表電話 • (02) 912-5000 / FAX • (02) 900-5036

e-mail : worinnet@hanmail.net

http://www.worin.net

ISBN 978-89-8477-574-9　93710

定価 8,000ウォン

☞ 落丁・乱丁本は，ご購入の書店または弊社にてお取り替えいたします。